小学语文教育与
文学素养研究

徐 文 著

中国海洋大学出版社
·青岛·

图书在版编目 (CIP) 数据

小学语文教育与文学素养研究 / 徐文著. — 青岛 ：
中国海洋大学出版社，2021.12
ISBN 978-7-5670-3072-5

Ⅰ．①小… Ⅱ．①徐… Ⅲ．①小学语文课－教学研究
Ⅳ．① G623.202

中国版本图书馆 CIP 数据核字（2021）第 280280 号

小学语文教育与文学素养研究

出版发行	中国海洋大学出版社		
社　　址	青岛市香港东路 23 号	邮政编码	266071
出 版 人	杨立敏		
网　　址	http://pub.ouc.edu.cn		
电子信箱	2586345806@qq.com		
责任编辑	由元春	电　　话	15092283771
印　　制	三河市悦鑫印务有限公司		
版　　次	2022 年 6 月第 1 版		
印　　次	2022 年 6 月第 1 次印刷		
成品尺寸	170 mm×240 mm		
印　　张	11		
字　　数	208 千		
印　　数	1—1000		
定　　价	58.00 元		
订购电话	0532-82032573（传真）		

如发现印装质量问题，请致电 18600843040，由印刷厂负责调换。

前言 / PREFACE

经济的发展使得现代文学趋于快餐化,这便造成了许多负面影响,尤其是部分青少年对文学的认知程度愈发的浅薄。小学生还处于三观不成熟的阶段,这个时期的教育对他们有很重要的影响。文学作品中蕴含了大量优秀的思想与事迹,对小学生有着十分重要的教育意义。因此,在小学语文教育中进行文学素养教育就显得十分重要。

小学语文是所有学科的基础,既然是基础,那么它的重要性不言而喻。儿童文学与小学语文教育存在着天然的联系,把儿童文学引入课程并加以重视成了儿童文学运动的重要任务。在新课程深入改革的背景下,儿童文学与小学语文教学之间的密切联系也引起人们越来越多的重视和探究。随着我国教育事业的不断发展、不断创新,培养学生的文学素养已经成了教师教育教学任务的重中之重。小学阶段的语文课程,是小学课程的重要组成部分。语文学习对于小学生来说是非常重要的。语文不仅仅是学生学习语言文字的关键,还是学生学习其他学科的基础条件。如果一名学生的理解能力偏低、语言表达能力较差,那么学好其他学科也是无从谈起的。

在小学语文教育中进行文学素养教育能够提高学生的文化内涵,使他们在言行举止中彰显良好的素质。文学作品的内容使学生的思绪在书海中徜徉,给予他们心灵的享受。语文教育的终极目标是使学生形成良好的个性和健全的人格。语文教育的最大特点是以"润物细无声"的方式将对美的感知与美好的情怀渗透到我们的生命中。培养学生美好的情怀是形成健全人格的重要内容。教师的儿童文学素养可以理解为正确解读、赏析儿童文学作品,正确感知作品中的情感体验,并能带领孩子阅读、欣赏、感知、体验儿童文学作品的能力。

本书共七章。第一章对文学素养进行了整体概述,介绍了文学的含义、文学素养的含义以及文学素养培养的含义。第二章研究了随着新课标教育的确立,儿童文学精神与本次课程改革精神高度一致,在此层面上儿童文学与小学语文教育的天然契合点;介绍了儿童文学对于广大少年儿童的素质教育所具有的特殊作用与价值功能,以及儿童文学对于小学语文教育所具有的德育价值、工具价值、人文价值。第三章至第六章具体探讨了小学语文教材中的童话教学、寓言教学、诗歌教学和散文教学。第七章以儿童文学素养的内涵和构成作为突破点，借助问卷调查和数据分析的方式全面和深刻地认清小学语文教师儿童文学素养的现状，结合社会的客观因素和教师群体本身的主观因素，分职前教育和职后学习两个阶段，探讨小学语文教师儿童文学素养得以提升的原则和途径，以便更加合理、高效地提升广大小学语文教师的儿童文学素养。

　　本书在撰写过程中借鉴了一些相关专家的研究资料，在此表示感谢。由于水平有限，书中难免存在疏漏与不足之处，望广大读者批评指正。

徐 文

2021 年 8 月

目　录

第一章　文学素养的概述

第一节　文学的含义

依据现存的文献资料，"文学"这个词语最早出现在孔子的《论语》当中，被划归到孔门四科当中。到后来的《魏书·郑义传》这样说道："而羲第六，文学为优。"在这里可以看到，文学这一个词汇在中国出现，初始就凸显了"文采"含义。依据这个观点，凡是富有文采的和彰显自身渊博学识的作品，都可以被称之为文学。

自魏晋时代，文学就形成了一种比较狭窄的含义：文学指的是有文采的缘情性作品。南北朝时期，具体一点来说是在公元5世纪初期，南朝宋文帝构建"四学"，其中包含的是"儒学""玄学""史学"以及"文学"，这是一个较为重要的标志性事件。"文学"自此从广义文学大家庭当中分离出去，并将非文学形态甩开而独立发展，将自身的特殊性确定了下来。这种特殊性大致上和今天的"语言性艺术"含义是一样的，虽然当时没有使用到"艺术"这样的字眼。

在我国古代，文学这个词语的含义并不是固定不变的，一般都和语言性作品之间有着密切关系。

自两汉时期开始，文学领域当中"有文采的语言作品"和"博学"双重含义就开始被分解开来。与之相对应的是，在魏晋六朝时，人们也提出了"文"和"学"之间的差别。进入唐代，"文"和"学"之间的界限变得不是十分明显，"文以载道"或者"文以明道"的思想开始传播。广义层面上的文学观也因此具现化，韩愈倡导的文学，传播的是"道"抑或是"古道"："愈之志在古道，又甚好其言辞。"他反对过去那种一味重视"言辞"（大致上相当于今天的"文

1

采")的时风流弊，强调文学所传达的，实际上是儒家的"古道"。"读书以为学，缀言以为文，非以夸多而斗靡也。盖学所以为道，文所以为理耳。"假如说"学"（学术）的目的是为了将儒家之道表达出来的话，那么与之相同的，"文"（文学）的目的就是为了能够传达"理"——儒家之道的具体化形态。"文"和"学"就是在"道"这个基准点之上融为一体的。柳宗元更是直接强调"文以明道"："始吾幼且少，为文章，以辞为工。及长，乃知文者以明道，是固不苟为炳炳烺烺，务采色、夸声音而以为能也。凡吾所陈，皆自谓近道，而不知道之果近乎，远乎？吾子好道而可吾文，或者其于道不远矣。"他反思自己年轻时片面地将文辞以及文采放置在较为重要的地位，随着年龄的增长，逐渐认识到了"文以明道"才是文学写作当中最为重要的一件事情。他指出："余惧世之学者溺其文采而沦于是非，不得由中庸以入尧舜之道。"他坚持认为如果沉溺于"文采"就会阻碍人通向"尧舜之道"。这样，从唐代起，文学中"言辞"及"文采"受到抑制，而"明道"成为最高目标，这就为消除文学与非文学之间的分野铺平了"道"。正是由于"道"的主宰作用，"文"与"学"在"道"的基点上重新消除了差异，"文章"与"博学"两义再度统合。从唐代起到清代，这种学术意义上的文学概念一直被沿用。清末民初学者章炳麟的观点，可以说代表了这种广义的文学观的一种极致。他坚持认为："文学者，以有文字著于竹帛，故谓之文；论其法式，谓之文学。"在这里不单单是较为明确地将文章和学术含义呈现在人们的眼前，而是将其无限地放大到了凡"著于竹帛"的所有文字形态上。但凡是用语言创作出来的作品都可以叫文学，其中基本上包含了人类创造出来的所有语言性符号：口头语言、文字以及衍生出来的诗歌、散文、小说等作品。文学既可以指富有情感的语言性作品，也就是今天的文学；也可以指传递讯息的日常言谈、记载事物的史书、说理论事的学术著作等，并不是今天狭义上的文学。这种涵盖了全部的广义层面上的文学含义，和现代西方语言学以及符号学当中的"语言性符号"这一个词汇含义大致相同。因此，文学在广义层面泛指的是人类创造出来的所有语言性符号，其中包含今天的文学和非文学。

自从进入晚清之后，西方学术分类机制进入我国，在我国范围之内逐渐形成了现代文学术语：文学是一种语言性艺术。这一现代含义是现代西方狭义文学观念和中国古代狭义文学观念在现代社会交汇之后得到的产物。也可以这么说，西方文学观念为文学提供了现代学术分类机制，但是中国古代狭义文学观念为其设置出来了传统依据。在西方"美的艺术"这种观念传入中国之后，中国魏晋时期以来的缘情性文学观念就逐渐被激活了，在此基础之上衍生出来一种崭新的现代性文学观念。这个汇合点是在两个层面上：第一，西方的"美的艺术"当中的形式美内含和中国"文采"之间的适应性比较强；第二，西方"美的艺术"当中，表情性内含和中国缘情性内含之间是相通的。所以，假如仅仅看到西方的影响，将中国古代自身的狭义文学观念忽视掉的话，那么想要对现代文学的含义以及由来形成明确的了解，则是一件较为困难的事情。以此为基础，得到的文学的现代含义是：文学是一种语言性艺术，是在对富有文采的语言加以应用的基础上，去表情达意的艺术形式。

第二节　文学素养的含义

文学素养是一种内在层面上的修养，是人类在长期积累的过程中得到的，是在文字表达形式、写作技巧以及艺术创作等领域中的学习涵养。文学素养是认知素养当中的一分子，实际上，人们日常生产生活当中提及的"人文素养"，大致上可以划分为文、史、哲三个基本方向。文，就是文学素养；史，就是史学涵养；哲，就是一个人在哲学领域当中的见识和修养。文学素养是人文素养领域当中不可或缺的构成成分，是一个人在文学领域当中的底蕴和修养。

也可以这么说，文学素养实际上是一种可以对个人内在心境和外在行为造成影响的感受认知能力。

怎样才可以正确理解"使看不见的东西被看见"呢？比方说，曹雪芹通过描述贾、史、薛、王四大家族的兴衰和宝黛之恋，向读者阐述了封建制度的腐朽，以及封建社会当中各个阶层的人对自由爱情的追寻。罗贯中《水浒传》通过阐述各个枭雄之间的"恶斗"，让读者可以逐渐对人性形成较为深入的认识。雨果在《巴黎圣母院》当中通过描述善良美丽的少女爱斯美拉达，残忍虚伪的圣母院副主教克洛德·弗罗洛以及外表丑陋、内心崇高的敲钟人卡西莫多这三个主要人物的悲剧，将封建王权和教会势力对善良且无辜人员的残害呈现在人们的眼前。艾米莉·勃朗特著述的《呼啸山庄》通过将弃儿希斯克利夫对庄园小姐凯瑟琳真实的"爱慕"和"扭曲了的报复"进行描述，将人性的反复无常充分地呈现在人们的眼前。但是，这些"东西"并不是所有人在读书之后就可以看见，而是需要一定的理解能力、感悟能力和洞察能力，这也是在培养文学素养的过程中较为重要的一项内容。

我国学者，如朱光潜、何其芳，对文学的含义也有着独到的理解。站在他们的视角上，有关"文学素养"的论述，是需要将读者已经认识到"什么是文学"或者"什么是文学作品"充当前提条件的。以此为基础，二者重视"读者对文学的态度"以及"阅读鉴赏能力"。具体来说，他们认为，"文学素养"当中包含四个方面的内容：第一，可以明白什么才是作品；第二，了解对文学的态度；第三，在阅读数量众多的作品的基础上形成一定的鉴赏能力；第四，在经常阅读作品的情况之下对人的人性、人情以及人道形成一定的了解和感悟。

综上所述，可以得出的结论是，文学素养其实就是人们在长期阅读和学习文学作品这种文学实践活动过程中，培养并发展起来的文学领域当中的一种学识性修养和综合能力。它将具备一定的文学能力作为前提条件，将"文学感受"和"文学情趣"放在核心地位，与此同时也包含对作品、文学史以及文学理论等领域中的知识沉淀，最终的反应是从人的人性、人情和人道上得到直观感受。简单来说，文学素养主要包含四个层面上的基本内容：文字能力、文学感觉、文学情趣以及文学熏陶。

文字能力，具体一些来说，就是对文字文义可以准确地掌握和应用，它要求相关的人员应当具备一定的语言表达能力以及准确的话语理解能力。假如想要得到比较准确的意思表达以及词语理解能力的话，那么一定需要对最为基本的语法知识和文字表达能力形成一定的认识。我国古代，文人墨客们创作文章时重视的是"炼"这一个字，经常会为了选择一个字而苦思冥想，从而诞生了"语不惊人死不休"的说法。上文提及的这种"炼"字，也就是指培养一个人的文字表达能力。

应当这么说，掌握最为基本的语法知识，是提升文字表达能力的重要前提条件和基础之一。文学语言本身具备一定的多义性和暗喻性。同一种语言符号当中有可能包含各种类型的意境。巴金的作品《灯》当中，"灯"这一个词语的意义，不单单指的是我国通常情况之下理解的"灯"这个物品，也有"光明、温暖以及希望"等多种内在层面上的含义，这一个字在作品当中有着极为浓厚的象征性意味。所以想要对作品形成较为深入的认识，并使自身的文学素养得到一定的提升，并不单单是对文字文义形成较为准确的认识，也应当将个人的"文学想象力"充分地发挥出来。在这里所说的"文学想象力"，可以划分为读者的想象力和作者的想象力。读者的想象力，就是读者阅读作品的过程中对作品本身蕴含的语言拓展性的理解能力，读者通过作者的语言表达，对作品的各个细节和作品本身展现出来的独特世界形成一定理解的能力。而作者的文学想象力，是作者对作品当中蕴含着的一个个细节的展现能力以及表达能力。实际上，不管是读者的文学想象力还是作者的文学想象力，都是在对语言加以一定运用的基础上，将文学细节展现在眼前，并完成一系列复杂创作的过程。针对这点来说，培养文学想象力是提升文字表达能力的过程中使用到的一种比较有效的措施。

文学感觉，文学感觉其实也就是文学范畴内的审美素养，是将文学和哲学、历史和宗教等学科区分开来的一个重要因素。文学本身具备一定的审美意义，隶属于"美"所包含的范围。其本身具备的最为重要的社会功能就是让人们的审美需求得到满足。一方面，审美当中浸透了意识形态；另一方面，意识形态可以通过审美表达出来。上文中所说的相互浸染和相互渗透的过程中就是"文学感觉"，就好像是何其芳所说的"对文学意识的敏感"，朱光潜所说的"诗的境界是用直觉见出来的"。

文学的美当中包含形象美、社会美以及朦胧美，它是人与世界在情感上的沟通和交流。在文学作品当中，语言符号不应被当成是过路的桥梁，而应当被当成是文学的本体。作为一种审美领域当中的意识形态，文学最为基本的功能就是审美作用。这种审美功能的表现是文学作品的艺术感染力。文学作品通过对对象进行艺术描写，构建出完美的艺术形象，以便将作者较为丰富的感情和深邃的思想呈现出来，在此基础之上，来为读者建构一种完美的审美感受。我国古代就有很多作家对这个问题形成了较为深入的认识。比方说在《与元九书》当中，白居易就曾经提及"感人心者，莫先乎情，莫始于言，莫切乎声，莫深乎义"，体现出来的是，诗的作用在于首先将人心感动。近代大儒梁启超在谈论小说为什么可以产生各种类型的作用时，指出小说具备熏、浸、刺、提四种力量，其实就是小说的艺术感染力。西方学者，比方说马克思曾经提及，"艺术对象创造出懂得艺术并且能够欣赏美的大众"，也说过"假如说你想要得到艺术的享受，那么本身一定需要是一个具备艺术修养的人"，这两句话较为明确地指出文学艺术可以培养人们的审美能力，并给予一定的艺术享受。

还有文学情趣。情趣这一个词语的含义是"兴趣志趣、情调趣味"，也就是人们日常生活当中经常提及的"趣味"，它的含义是"让人愉快、让人感觉到比较有意思，有吸引力的"。文学情趣指的其实就是对文学作品的爱好。这是一种极为强烈的阅读兴趣和阅读渴望。在阅读的过程中表现出来的是高度的专注力和痴迷，甚至在某些情况之下展现出来一种手不释卷的态势。彼得·威德森曾经说过一段非常有意思的话："文学提供愉悦，人们仅仅是喜欢读它而已，从中可以举出来无数的理由：失眠、好奇心以及打发时间，指导发生的事情、欣赏文辞本身的优美，逐步进入到未曾预见到的经验领域中去，猜测书中遇到的任务与自身的相似之处。或者根本没有任何可以举出来的理由：单单是喜欢而已。有理由认为，文学工作者会承认在所有科学、理论以及文学研究实践之后，一个偶然的'喜欢'是非理性前提条件之一。"

这种对文学的喜好，仅仅就是一种喜欢而已，并不会在乎什么利益。文学情趣除去是文学素养领域当中包含的较为重要的一项内容之外，也是文学素养不断得到发展的原动力。只有热爱文学的人，才会投入大量的时间、精力和专注力来完成文学作品创作，并在这个过程当中感受到一定的乐趣，在潜移默化当中，不断地来让自身的文学素养水平提升。从另外一个层面上对问题进行分析，文学情趣其实也是一种对文学艺术价值水平高低的判断力、鉴别力，常表现为一个人对某种文学体裁以及风格的爱好。

文学意识的创造其实是文学艺术家的精神活动，作者本身可以在自由的心境当中，较为充分地将艺术想象力发挥出来，并构建出虚拟的艺术世界，将自身对人生和世界的理解和憧憬表达出来，逐步找寻出可以寄托心灵的精神家园。优秀的文学作品，一般可以让真正懂得文学艺术的读者在阅读的过程中产生一定精神层面上的共鸣，并供读者思考，潜移默化地将真善美等思想传输给读者。小说《钢铁是怎样炼成的》中的主人公保尔·柯察金不畏艰苦、勇往直前的大无畏精神，激励一代又一代的有志青年将自己的理想实现。老舍先生创作出来的《骆驼祥子》，通过阐述一个洋车夫的艰苦历程，描绘出来了旧社会是怎样将一个自食其力的好青年由表及里地摧毁的过程。小说痛斥压迫人民的无德之人，并将黑暗的旧社会对淳朴善良的劳动者的剥削和压迫呈现在读者的眼前，声泪俱下地控诉了旧社会是怎样将一个人变成鬼的过程，从而也就可以激发起相关人士对劳动人民的深切关怀。

第二章　儿童文学与小学语文教育的天然契合

要研究儿童文学视野下的小学语文教育，首先要搞清楚语文课程的性质，以及儿童文学与小学语文教学的关系。语文是什么？"语"，大家都认为是指语言；"文"，有人说是指文字，有人说是指文章，有人说是文学，有人说是文化。也有人考证这门课程定名的由来，认为"语文"是指"口头语"和"书面语"。我们说，"语文"应该包括口头和书面的语言，包括文字、文章、文学和文化。语言文字是最重要的交际工具，语言文字以及由语言文字构成的作品都属于文化。

关于语文课程的性质。2001年7月教育部颁布的《全日制义务教育语文课程标准（实验稿）》，对语文课程的性质与地位做了非常准确的界定："语文是最重要的交际工具，是人类文化的重要组成部分。工具性与人文性的统一，是语文课程的基本特点。语文课程应致力于学生语文素养的形成与发展。语文素养是学生学好其他课程的基础，也是学生全面发展和终身发展的基础。"也就是说，语文课程性质的核心应该是工具性和人文性的统一。这里的"工具"是一种比喻的说法。"工具性"着眼于语文课程培养学生语文运用能力的实用功能和课程的实践性特点；"人文性"着眼于语文课程对于学生思想感情熏陶感染的文化功能和课程所具有的人文学科的特点。

语文课程先实现工具性目标，后补充人文性内容；或者首先突出人文性，而后再加强工具性。这两种想法都是不妥当的。工具性和人文性是结合在一起的，语文课程要同时实现这两方面的目标并不矛盾。当然，要实现两方面目标的高度结合，首先要在思想认识上下功夫，还要在目标与内容的设计和实施上下大功夫。工具性与人文性的高度统一，是语文课程应该争取的目标，也是完全可以实现的目标。

我国原有的小学语文课程体系基本上是应试教育课程体系，它的课程教育目标侧重于知识技能取向。新课程教育目标的基本价值取向是"为了每一个学生的发展"。这是贯穿《基础教育课程改革纲要（试行）》的基本精神，也是本次课程改革的灵魂。因此，新课程确立起新的知识观，从而走出了课程目标的知识技能取向；新课程确立起新的学生观，从而使个性发展成为课程的根本目标；新课程确立起课程与社会生活的联系性，从而使新课程根植于现实生活的土壤。毫无疑问，儿童文学精神与本次课程改革精神是高度一致的。也正是在这一层面上，儿童文学和小学语文教育有着天然的、密切的"契合点"。这个"契合点"就是儿童文学和小学语文教育都着眼于"人的全面发展"。

第一节　儿童文学具有穿越时空的精神生命力

人是精神文化的动物，人的精神生命中不能没有文学的滋养。儿童文学是亿万少年儿童不可或缺的精神食粮，对于广大少年儿童的素质教育、审美陶冶，具有特殊的作用与价值。

一、儿童文学的界说：健全人格

什么是儿童文学？定义很多。笔者特别认可日本著名儿童文学理论家上笙一郎在其《儿童文学引论》一书中的定义："所谓儿童文学，是以通过其作品的文学价值将儿童培育引导成为健全的社会一员为最终目的，是成年人为适应儿童读者的发育阶段而创造的文学。"

这一概念特别强调将儿童培育引导成为健全的社会一员，也就是培养儿童的健全人格，这也是儿童文学作品的文学价值之所在。这一概念至少包括以下四方面的含义：一是具有优秀的文学价值；二是内容性质是培养健全的社会人；三是成年人的成熟把握；四是与读者对象的年龄阶段相适应。

由于儿童文学的给予者（包括作者、研究者、编辑、父母、教师等）与接受者（儿童）之间的关系在文学的范畴内最为复杂，所以它又表现为以下四种存在状态：一是被儿童占为己有的"儿童文学"，即那些为了让儿童阅读而向儿童文学发展的成人读物，如笛福的《鲁滨孙漂流记》、斯威夫特的《格列佛游记》、格林兄弟的童话集以及优秀成人读物的改写本、各种民间故事和神话传说等。二是"为儿童创作"的各类文学作品。成人明确地以儿童为读者对象创作的文学作品，普遍被认为就是儿童文学。这类作品在整个儿童文学作品中占据最为重要的地位。如安徒生童话、张天翼童话、黄蓓佳的儿童小说、沈石溪的动物小说等。三是"自我表现"的儿童文学。作家创作只是"写出自己认为有趣的东西"，是"为了自己得到乐趣"，而不是"为了儿童"，但他们的作品却被儿童读者接受并承认。这类作品主要是作家以青少年生活为题材的自述，如马克•吐温的《汤姆索亚历险记》和《哈克贝里•费恩历险记》、任大霖的《童年时代的朋友》等。四是儿童自己创作的文学作品。如田晓菲13岁以前创作的诗集《绿叶上的小诗》《快乐的小诗》，以及重庆小诗人梁芒的诗《灯海和星海》、郁秀的小说《花季•雨季》等。

二、儿童文学的共性：理想主义

儿童文学和成人文学一样，都具有文学的共性。在以往的数千年人类历史中，文学的特点相当固定而清晰，那就是以书面文字为基本媒介，以人性和审美为精神主导，以教育、知识、趣味娱乐为辅助，承担着人们宣泄情感、传输思想的任务，是人类精神文化中历史悠久而有独特意义的重要部分。

我们认为，儿童文学和所有文学一样，最需要明确的方面有三个。首先是对人类精神的关注。因为与物质文化相比较，文学所关心的只能是人的精神，它所承担的是表现人类精神世界、传达人类思想情感的任务。这应该成为我们判断是否称其为文学以及判断文学优劣的重要标准。其次，美也应该是文学的重要前提（尽管方式比以前要更宽阔，但不应该背离其基本特性）。不管是什么时代，不管其媒介物是什么，都应该尊重文学美的特性。最后，我们还应该提到理想主义。因为单纯的科学主义很可能走向末路，只有以人类精神为最终目标的文学（艺术）才能给人类以光明前途。在这方面，诺贝尔当初确立文学奖时将一个重要标准确定为"理想主义"是非常有深意的，它表现出一个思想深邃的科学家对人类未来的深远关注和远见卓识。

三、儿童文学的个性：健康成长

儿童文学除了和成人文学一样，都具有文学的共性之外，更重要的是，儿童文学具有个性，即特殊性，一是社会教育的要求；二是孩子本身的特点。而最重要的是，儿童文学的根本意义在于帮助孩子健康成长。

每个人都有自己的儿童时代。在儿童时代中所接触的东西会直接影响到一个人未来的成长，而其中的"阅读"对人的影响最大。比如：读童话会培养孩子的审美情趣；读科幻、神话作品会激起孩子们的幻想；读知识性的读物会增添孩子对世界的兴趣，从而启发创造性。从这个意义上说，儿童文学作品直接关系到儿童心灵的塑造，其意义和作用就不是一般读物所能相比的，是具有特殊性的。

许多美好的情感、优秀的品质、人生成功必备的素质、良好的精神状态，例如爱、责任、信念、勇气、诗心、激情等，完全可以通过儿童文学传递到孩子们的心灵当中。儿童文学通过最优秀的精神食粮使孩子们受到教育，它们直接面向广大学生，有最便利的渠道将优秀的精神食粮奉献给孩子们。它们有责任帮助孩子从最美好的角度想象人类的前途，寻求生命的意义。

四、儿童文学的题材：三大母题

所谓母题，是指文学作品中反复出现的因素，如事件、场面、手法、意象，也可以指主题或题材。针对儿童文学广泛的题材，儿童文学理论家刘绪源提出"儿童文学三大母题"的观点，将儿童文学广泛的题材归纳为"爱的母题""顽童的母题"和"自然的母题"。这"三大母题"折射的精神生命力将儿童文学的精神意义进行了空前的升华。

第一是爱的母题：通过作品来传达对孩子的爱，借此培养儿童的爱心。体现这种精神实质的作品母题，便是爱的母题。母爱型母题在内容上，带着自己丰富的人生体验来做爱的传达，使孩子感受到爱的迷人和伟大，也感受到爱的无奈——人生并不由于爱的存在而变得轻松。在审美上，侧重于审美感情的升华，但表现形式合乎儿童的口味。在情绪基调上，体现为亲切温馨的情绪基调。

表现母爱型母题的作品在故事中渗透了慈爱与母性，表现慈母的心境和语境，故事所谈的都是母亲们感兴趣的话题。其表现为以下几种类型：以邪恶开始，以婚礼告终，如《灰姑娘》；后母虐待女儿的题材，如《白雪公主》；父亲不喜欢自己的孩子，引起的危机和波折，如《七只乌鸦》《十二兄弟》（见《格林童话》）；大团圆结局（母亲心态的表现），如《小红帽》；语言体现了母亲的慈祥与安详，作品洋溢着家庭和睦的气氛，如达尔《女巫》中"我"和姥姥联合起来，最终消灭了英国的女巫们，但"我"已经被女巫变成老鼠，再也恢复不了原形，成为老鼠的"我"与姥姥相依为命。作品结束时两人的对话及气氛体现出了母爱型母题。爱的母题的意义在于渴望母爱，追寻家庭与社会的温暖，体现了人类现实性的一面，它起源于人的现实发展的需要。

第二是顽童的母题：彰显儿童顽皮、活泼、淘气的天性。在内容上，毫不掩饰地表现顽童的任性与调皮，在审美特征上表现为在意外的认同中获得审美的狂喜，它总让人感到一种意外的兴奋，审美基调（情绪基调）表现为奇异狂放。如林格伦的《小飞人卡尔松》、卡洛尔的《艾丽丝漫游奇境记》、科洛迪的《木偶奇遇记》等。

顽童的母题的意义在于渴望自由，向往无拘无束，渴望尽情翱翔天地，体现了人类的未来指向，是对社会中人的自由和全面发展的一种深情的呼唤。

第三是自然的母题：以表现人与自然的和谐为内容。在内容上，以自然万物为表现对象。审美特征表现为，在对自然的审美中形成超脱感和神秘感，意识到自己在大自然中的地位，感受到无穷的童趣。审美基调表现为悠远率真。如乔伊·亚当森《猛狮爱尔莎》，以纪实文学的形式，配之以狮子爱尔莎的照片，凸现真实感和写实性。

自然的母题的意义在于给人带来超脱感、惊异感、亲近感，使人感悟到在人类社会之外还有一个无比伟大的自然，感悟到自己与大自然之间密不可分的血缘关系。

五、儿童文学的魅力：穿越时空界限的精神生命力

优秀的儿童文学作品，具有穿越时空界限的精神生命力，这是儿童文学的魅力之所在。儿童文学是人生最早接受的文学，那些曾经深深感动过孩子的儿童文学作品，将使孩子终生难忘，终身受益。在今天这个传媒多元的时代，我们特别需要提倡广大少年儿童进行文学阅读。文学阅读不同于知识书、图画书、教科书的阅读。文学是以血肉丰满的人物形象和个性鲜活的人物性格，是以审美的力量、情感的力量、道义的力量、精神的力量，来打动人、感染人、影响人的。

例如，儿童戏剧具有能够改变人性格与品格的魅力。许多老年人还记得的作品是，1956年在上海儿童剧院排演的著名戏剧家任德耀的童话剧《马兰花》。《马兰花》描述了勤劳、善良的小兰和马兰花的守护神马郎之间曲折动人的爱情故事。全剧呼唤真、善、美的主题，让孩子们的思想得到升华。"马兰花、马兰花，风吹雨打都不怕，勤劳的人在说话，请你现在就开花。"经典童话音乐剧《马兰花》中熟悉的诗句一直激励着我国少年儿童奋发向上、健康成长。

又如《海的女儿》，小人鱼虽然没有得到王子的爱情与婚姻，没能成功使自己获得高贵的灵魂，然而，她却用超然的牺牲、奉献证明了自己。她一生都在追求的具体目标没有实现，化为了泡沫；然而，她的奋斗却从另一个意义上成就了她的人生。海的女儿终其一生都是为了证明自己是最可爱、最善良、最高尚的女人。最美丽的情感与可歌可泣的事迹通常来自童年时代种下的深刻情结。

第二节　儿童文学在小学语文教育中的显著地位

儿童文学是充分考虑儿童理解能力和审美需要而创造的文学。儿童文学是儿童本位的文学，它要适应和针对儿童身心发展的实际，内容和形式要接近儿童的生活，能适应并激发儿童的兴趣。儿童文学是美的文学，蕴含思想的美、情感的美、语言的美，它能够培养儿童的审美意识，让孩子从中体会美、感受美。儿童文学还要让儿童感到快乐、有趣。即使有的作品只是纯娱乐的，也能引起儿童的喜爱。儿童文学的作用是帮助儿童从自然人转变为社会人。儿童文学中所包含着的情感态度和价值观，与语文教育的目的是一致的。因此，儿童文学与小学语文有非常密切的关系，小学语文教育必须充分利用优秀的儿童文学作品。

一、儿童文学为促进语文教育提供了丰富的教材资源

近代以来，儿童文学作品就在小学语文教材中占有重要的位置。据不完全统计，在小学语文教材中，儿童文学作品占85%以上的比重。儿童文学语言简洁规范，富有儿童情趣，被称之为"浅语的艺术"，是儿童语言学习的材料。儿童文学是进行美感教育、道德教育、人文素质教育的资源，语文课的人文性和工具性在儿童文学的阅读中能够得到实现。

正是因为儿童文学在小学语文教育中具有重要意义，历来的教科书都将儿童文学作品引入教材，作为语文教学的主要内容。1922年北洋政府教育部颁布的《新学制课程纲要》中《小学国语课程纲要》明确提出，国语教材要以"儿童文学"为中心；商务印书馆发行了《新学制国语教科书》；周作人在北京孔德学校发表的著名演讲"儿童的文学"中，将儿童文学与"小学校里的文学"等同看待；黎锦晖等人编的《国语读本》共八册，文字浅近，可读性强。这一时期的小学语文教材打破了我国识字教学从单字开始的传统，提倡在阅读中识字，为后来的语文教材编写做出了重要的贡献。

1949年以后，小学语文教材的编写根据我国政治、经济、文化形势发展的需要，不断做出修改和调整。首先，将"国语"的提法改为"语文"，并增加了很

多内容。但20世纪五六十年代的语文教材过度强调政治思想意义，过分强化语文的文字因素，对语法等汉语知识要求过高。教材中的童话、寓言等故事仅占10%左右。这种情况直至1981年人民教育出版社编写六年制小学语文课本时才逐步有了变化，儿童文学作为重点语文教材资源的地位才重新得到正视。

2001年6月，教育部颁布了《基础教育课程改革纲要（试行）》。在此基础上，2001年7月制定了《全日制义务教育语文课程标准（实验稿）》（简称"新语文课程标准"）。其中提出的阅读总目标是：具有独立阅读能力，注重情感体验，有较丰富的积累，形成良好的语感；学会运用多种阅读方法；能初步理解、鉴赏文学作品，受到高尚情操和趣味的熏陶，发展个性，丰富自己的精神世界；九年课外阅读总量应在400万字以上。同时，在阶段目标中，第一学段（1～2）年级学生的阅读文类被明确指定为"浅近的童话、寓言、故事""儿歌、童谣和浅近的古诗"。

儿童文学作品究竟应该在小学语文教材中占多大的比重，应该按照什么样的标准择取儿童文学作品进入小学语文教材，也是我们应该关注的问题。但不容置疑的是，新课标的任何一套教材，都将儿童文学作品作为一个重要的部分，年级越低，占的比重越大。

二、儿童文学为提升教师素质提供了丰富的文学平台

首先，儿童文学帮助教师认识儿童。儿童文学作品渗透着作家对儿童的认识。例如：林格伦的作品，表现出作者对儿童的认识和尊重，对儿童天性的客观态度。刘心武的《我可不怕十三岁》，讲了应对特定年龄阶段的儿童心理。了解儿童文学作品，了解作家的创作思想，有助于教师校正自己对儿童的认识。其次，激发教师自身的创造力和生命力。儿童文学激发了教师以年轻的心态为儿童写作的热情，从而焕发出极大的创造力。很多儿童文学作家本身就是教师或曾经是教师，他们的创作与他们对儿童文学的热爱和自身经历分不开。生活激发了教师的创作，文学成就了教师的艺术创造。

三、儿童文学为促进学生成长提供了有效的发展路径

小学语文教材中的儿童文学作品，对小学生素质培养起着积极的促进作用。素质培养涉及人格培养、思维发展和创造精神三方面。一是儿童文学有助于小学生的人格养成。什么是人格？人格是指做人的根本之格，是人的思想、品德和情

感的统一体，是现实中体现个体特色的思想和行为的总和，即人在社会生活中通过自身的言行和情态等表现出的品位或格调。人格形成有一定的必然性。其中，客观条件包括社会化需求、学校教育、家庭影响；主观因素包括儿童年龄增长、心理逐渐成熟和社会化完成。例如，儿童人格最重要的表现是真诚。《去年的树》中鸟儿的歌声，是对"去年的树"的诚挚情感的流露，对儿童真诚人格的形成有着潜移默化的影响。二是儿童文学有助于小学生的智力发展。人的智力因素包括观察力、记忆力、思维力、想象力。要引导观察世界与自然——观察力的培养；要培养多向思维和积极的思维态势——思维力的培养；要激发丰富的想象力——想象力的培养。三是儿童文学有助于培养小学生的创造精神。强调小学生自身全面发展的要求，必须重视对他们创造精神的培养。小学生的创造精神体现在创新意识、创新思维和创新能力中，现代社会不仅要求人们在思想观念、意识和精神方面具有创新意识，还要求具有一定的技术技巧。小学生需要具有的创造精神是指学生在学习中善于发现和认识有意义的新知识、新事物和新方法等，掌握其中蕴含的基本规律，并具备相应的能力，为将来成为创造型人才奠定全面的素质基础。一个缺乏想象力的学生同时也会缺乏创造能力。优秀的儿童文学作品对儿童的想象力和创造力的培养有着重要的作用。尤其是最具幻想色彩的童话作品，能够为儿童读者提供极大的想象空间，让他们在幻想的世界里自由翱翔，丰富自己的生命体验和审美经验，最大限度地开发和释放自己创造的潜力。

第三节　儿童文学对于小学语文教育的德育价值

小学教育属于基础教育，各学科的教育都负有教书育人的双重任务。但与其他学科相比，语文学科所负的任务更具特殊性。这是因为语言文学作为表情、达意、载道的工具，"文"与"道"总是相互交织、有机统一在一起的。这就给语文课中的德育带来了相当大的难度和复杂性：语文课不被允许也不应该上成一般的政治课，也不能脱离思想政治内容而单纯进行语言文学的教育。教师只能把德育渗透到语文教育之中，缘文释道，因道解文，使学生思想上受到教育，感情上受到熏陶，从而使听说读写能力获得提高。

儿童文学的德育价值，主要体现在小学语文教育中，儿童文学具有独特的教育作用。儿童文学的教育作用在于帮助儿童健康成长，使儿童在阅读、欣赏儿童文学作品的过程中，潜移默化地受到思想、品德方面的启发和教育，以及受到情感、情操、精神境界等方面的感染和影响。

但凡优秀的儿童文学作品都具有强大的教育感染力量。别林斯基说过："文学有巨大的意义，它是社会的家庭教师。"（《别林斯基选集》第二卷）潜水艇的创制者——美国的西蒙·莱克在自传中所写的第一句话是："儒勒·凡尔纳（法国科普作家）是我一生事业的总指导。"许多卓有成就的杰出人物在谈及童年往事的时候，都非常感谢文学给予的人生道路上的启迪。像《钢铁是怎样炼成的》中那个一心为共产主义事业而坚强不息地奋斗的革命战士保尔·柯察金的艺术形象，就曾鼓舞和教育了我国整整几代人，从普通的农垦战士到杰出的专家学者和领导者，还必将影响和教育后来人。这就是儿童文学的目的。

儿童文学的教育作用是以认识作用为基础的。当读者从儿童文学作品中获得某种认识之后，必然在一定程度上引起情感、情绪的变化，即由认识而动情，再由动情而移性。在不知不觉中，性格情操得到陶冶，思想感情得到净化，道德行为得到规范。这是因为，儿童文学作家在反映社会生活的时候，绝不是纯客观的反映，他所创造的艺术形象，必然包含着他对生活的评价、对真理的追求，包含着他的爱和憎。作家不仅为儿童描绘一幅幅真实的生活画面，而且让儿童懂得纷繁复杂的生活中真善美与假恶丑的区别。

儿童文学教育作用的大小，取决于作品中思想性与艺术性相统一的程度。教育作用要寄寓于美感作用之中，并通过美感作用来实现。只有这样，儿童文学才能有力地促进儿童快速健康地成长。

因此，我们要充分利用儿童文学的教育作用，实现小学语文教育的德育目标。

一、儿童文学作品可以帮助儿童树立正确的世界观和人生观

只要我们打开小学语文课本，那些以革命领袖、英雄模范、科学家为题材的儿童文学作品比比皆是。这些作品真切地展示了多姿多彩的生活，形象地表现了可歌可泣的人物，抒发了鲜明的爱憎情感。教师应深刻体会作家的创作意图，深入挖掘作品的内涵，充分发挥教材在提升儿童素质方面的作用。如《狼牙山五壮士》，记叙了抗日战争时期，八路军某部七连六班的五个战士，为了掩护群众和部队转移，诱敌上山，勇猛歼敌，最后把敌人引上狼牙山顶峰，而他们自己却纵身跳下悬崖、英勇献身的故事。少年儿童哪一个能不被他们崇高的品质、献身的精神所感动呢？又如《茅以升立志造桥》讲的是我国著名的桥梁专家茅以升从小立志造桥，经过长期努力，终于成为著名的桥梁专家的故事。这些作品教育少年

儿童从小树立远大的理想，并为实现理想而努力实践，勇于探索。这些儿童文学作品能够激发少年儿童向英雄学习的豪情，帮助他们从小树雄心，立斗志，形成报效祖国、报效人民的世界观和人生观。

二、儿童文学作品可以培养儿童爱祖国、爱家乡、爱自然的思想感情

作家把大千世界的美都浓缩到文学作品之中，而大自然的美更是文学家取之不尽的素材。大自然有明媚的阳光，有皎洁的月色，有盛开的鲜花，有成熟的硕果，有巍峨的山峰，有恬静的湖泊，有奔腾的江河。这些都可以成为儿童文学作家笔下的一道道风景。因此，儿童文学作品是一座得天独厚的美丽花园。少年儿童在这座花园中尽情地游览，尽情地享受。如《美丽的小兴安岭》中，少年儿童随着作者的笔触来到了广阔无垠的小兴安岭，投入大自然的怀抱之中。的确，他们仿佛进入了画境：生机勃勃的春天，葱葱茏茏的夏天，成熟丰收的秋天，雪花飞舞的冬天。面对如此迷人的小兴安岭景色，面对如此丰饶的小兴安岭的物产，怎能不产生自豪的情感，又怎能不产生出对祖国、对家乡的眷恋与热爱之情呢？

儿童文学作品以其儿童喜闻乐见的形式，使儿童在潜移默化中陶冶情操，培养高尚的人格。著名的词作家乔羽为儿童写了一首抒情诗《让我们荡起双桨》。它以含蓄的手法，描绘了少年儿童的一次课余活动——湖上泛舟，诗人借波浪、小舟、灿烂的阳光、迷人的风光、银铃般的笑声，展示了新一代少年儿童的幸福。这幸福是谁带来的？不言而喻，是中国共产党。诗歌引导少年儿童要珍惜这美好的生活，要热爱为他们创造如此美好生活的共产党，要热爱社会主义中国。

三、儿童文学作品可以培养少年儿童良好品德和文明习惯

文学作品应该是形式与内容的统一体，人们在阅读过程中，必然会接触到作者在文章中的思想倾向。儿童还未接触社会，生活经验缺乏，知识面窄，因而辨别是非的能力有限，这就必须依赖于成人的教育和引导。而儿童文学作品却能在一定范围内担负起这个教育任务。《什么叫作好，什么叫作不好?》是苏联著名诗人马雅可夫斯基写的一首关于道德教育的儿童诗。诗人从幼童的兴趣出发，从最普通的日常生活中选取与儿童相关的大量事例：刮风、下雨、乌鸦、耗子、读书、皮球、小花脸、脏衬衫等作为进行教育的素材，引导儿童从平常、具体的生活现实中，从那些事物的表象中，对广泛的、复杂的生活做深刻的理解。诗人给

儿童展现了一个广阔的世界：爱清洁、爱弱小、爱读书、爱劳动、勇敢，这些叫作好；大风、冰雹、肮脏、欺侮弱小、损坏书本、胆怯、懒惰，这些叫作不好。于是幼儿在阅读欣赏的过程中终于懂得了一个简单又深刻的道理。诗人像是在跟儿童亲切地谈着话，在不知不觉中渗透了严肃的道德教育，使具有高尚品格的儿童形象深深地印在儿童的脑海中。

"学语文，就是学做人。"这是我国著名语文教育家叶圣陶先生给我们留下的至理名言。作为一名小学语文教师，我们应当充分挖掘教材，在传授知识、培养能力的同时，巧妙地将爱国主义教育、环保意识教育、集体主义教育、生命意识教育，以及责任心教育、感恩教育等，融于小学语文教学之中，使知识性、科学性、思想性有机结合，让学生在快乐创造中学习语文。

第四节　儿童文学对于小学语文教育的工具价值

《基础教育课程改革纲要（试行）》中指出："义务教育课程应适应普及义务教育的要求，让绝大多数学生经过努力都能够达到，体现国家对公民素质的基本要求，着眼于培养学生终身学习的愿望和能力。"因此，《九年义务教育语文课程标准（实验）》所设计的课程目标必须面向全体学生，力争使每一个学生都能达到这一目标，获得现代公民都必须具备的基本语文素养。课程目标还必须使学生热爱学习、学会学习，打下终身可持续发展的基础。

学生应具备的基本语文素质的内涵是丰富的，课程目标根据"知识与能力""过程与方法""情感态度与价值观"三个维度来设计展开。这里的"知识与能力"，包含了扎实的基本功培养和潜在的创新能力开发。因此，儿童文学对于小学语文教育的工具价值也就体现在实现知识发展目标和能力发展目标上。

一、知识发展目标

小学语文知识发展目标，主要就是指小学语文教学在基础知识方面的要求。《语文课程标准》明确指出："语文是最重要的交际工具，是人类文化的重要组成部分。工具性与人文性的统一，是语文课程的基本特点。"语文课程的基本策略正在于促进工具性和人文性的统一。工具性是语文学科的本质属性，其内涵包括：语文是交流思想、沟通感情的工具，是搜集、处理、储存信息的工具；语文是人脑思维的工具，是认识世界、发展思维的工具；语文是学习其他学科的工具，是学习、生活和工作的工具。在儿童文学视野下，小学语文教学应当关注以下两个方面。

首先，把握儿童文学的认识作用。儿童文学的认识作用是指具有较高思想性和艺术性的儿童文学作品在帮助儿童认识社会、认识历史、丰富生活经验、增长知识、启迪心智时所发挥的作用。比如，儿童通过阅读法国作家都德的小说《最后一课》，就可以了解普法战争时期法国被迫割让亚尔萨斯和洛林两省的丧权辱国的历史；通过阅读比安基的科学童话《尾巴》，就会获得关于动物尾巴功能的知识等。由此可见，儿童文学的认识作用是多方面的。孔子曾说，"诗，可以兴（激发），可以观（观赏），可以群（共鸣），可以怨（讽喻）"，也可以"多识于鸟虫草木之名"。儿童文学也是如此。

但儿童文学的认识作用必须以反映生活的真实性为前提，以作品中艺术形象的生动性为条件。因为儿童文学形象本身既保留了生活本身的生动性、丰富性的特点，又在一定程度上反映了生活的某些本质，并顺应儿童的心理需要。像《卖火柴的小女孩》揭露的是19世纪中叶丹麦社会贫富悬殊的黑暗现实，但作品中是以一个可怜的小女孩四次美丽的幻想与悲惨生活、悲剧命运进行强烈对比来反映的，易于儿童读者接受。因此，对儿童来讲，儿童文学的认识价值是独到的，不仅会使儿童拓展认识领域、提高认识能力，还能给他们留下生动而难忘的记忆。

其次，掌握儿童文学的语言艺术。语言是民族的根系，是民族的灵魂，是民族凝聚力所在。加拿大著名学者大卫·杰弗里·史密斯在《全球化与后现代教育学》一书中写道："从深层的含义上讲，我们的语言包含着我们作为一个民族的历史，它反映出大家的欲望、遗憾和梦想；它在沉默不语时，甚至在诉说着我们想忘掉的一切。"小学语文教育中的语言教育其实是最基础的、最根本的母语教育。然而学校教育的现状却是相当多的小学生不喜欢语文，特别是不喜欢作文。踏入社会的年轻人轻视汉语言文字，以"洋"为时尚，数典忘祖。这不只是对汉语言文字的态度问题，更重要的是反映了对国家、民族的态度。当前，年轻人由于语文水平不高，从而影响其继续学习的质量，影响工作和生活，影响思维的发展，影响健全人格的养成。语文若缺失了灵魂，切断了根系，枯竭了泉源，其后果不堪设想，这已引起有识之士的关注。儿童文学从语言的角度捍卫了汉语言文字的尊严和规范，掌握儿童文学的语言艺术，是小学语文知识发展目标的重要环节。

语言是由一系列的词按照一定的语法关系组合而成的。词所表现的是概念，概念反映事物的内部联系和本质属性，是抽象的。艺术语言要标示的是具体形象。为了表现具体形象，它将科学语言改造成了艺术语言。但改造的语言仍然保留了语言作为抽象概念的本性。如果不是这样，语言这两个字就该去掉了，儿童文学就不是语言艺术了。

在选择组成语言的词汇时要考虑：这个词汇要与标示的具体形象紧密相连，通过这词汇能唤起读者对具体形象的联想；读者不是成人，是儿童，词语的选择就得为儿童所理解，所乐于接受，易于激励儿童去联想有关的具体形象。比如描写气候时，气象台预报会说今天天晴或下雨，气温多少摄氏度。一般成人文学会采用"风和日丽"或"雷电交加"这类词，而儿童文学可能会用"暖洋洋的太阳""蓝蓝的天空"或"雷公公在发脾气"之类的短语。显然，艺术语言所选择的词汇与所要标示的具体形象是连在一起的。儿童文学中的艺术语言比之成年人的要浅显，易于为儿童所接受，易于发挥儿童的想象。再比如写一种罕见的动物，新闻报道可能用"这类动物只为世界某一角所独有"，成人文学中就很可能会出现"珍禽异兽""罕见稀有"之类的词，而儿童文学作品往往会出现"这动物真怪哟""从没见过呢"之类的词句，同样与形象联系密切，又能为儿童所接受，能使儿童产生较强的形象感。

总之，儿童文学语言是通过语言的巧妙运用，使其成为儿童易于或乐于接受的艺术语言。由于它是语言，所以必须反映事物的内部联系和本质，它的读者又是正在长知识的儿童，因此更应该讲究语言的准确性和规范性，任意地变换或颠三倒四，对儿童是一种误导，是儿童文学语言所不允许的。由于它是艺术语言，所以它必须与具体形象联系在一起，或通过词语的选择，或通过语法关系的多样组合，来唤起读者的形象感，形成读者头脑中的艺术形象。

二、能力发展目标

能力，就是指顺利完成某一活动所必需的主观条件。能力总是和人完成一定的活动相联系在一起的。离开了具体活动既不能表现人的能力，也不能发展人的能力。儿童文学视野下的小学语文教育能力发展目标，应当紧扣《语文课程标准》中提出的"全面提高学生的语文综合素养"。

（一）提高学生的语文素养

什么叫语文素养？语文素养主要是指培养学生热爱语文的思想感情、指导学生正确地理解和运用语文、丰富语言的积累、培养语感、发展思维这五个方面。这五个方面，反映了语文学科的个性，是语文综合素养中的基本因素，旨在"使他们具有适应实际需要的识字写字能力、阅读能力、习作能力、口语交际能力"。

一般而言，语文素养主要包括下列因素：一是语文知识，指语法、修辞、逻辑、文体。这些对小学生来说不强调知识的系统性，而强调掌握知识的过程和运用知识的方法。二是语文能力，指正确理解和运用语文的能力，不再提听、说、读、写能力，而提识字写字、阅读、习作、口语交际能力。三是语言态度，指对语言的认同、接受程度，特别强调培养学生热爱语文的思想感情。四是语言体验，指对语言材料做出恰当的理解、选择和评判，能激活相关的语文储备，强调学生对语言的鉴赏。五是语感能力，对语言的含义迅速而准确捕捉的能力，伴随着想象、思维对语言的直觉能力。六是语言积累，如词汇量、优秀诗文的储备量。七是语言品质，指使用语言是否准确、鲜明、生动、流畅、严谨、有条理等。八是语言行为，使用语言的规范化，能用普通话进行交流，以及语言品位、语言修养、语言习惯等。从以上的分析看来，一个人的语文综合素养，不仅反映其语文能力的高低，也反映其文明程度、文化修养和精神品质。

小学语文是为培养学生的语文素养设置的基础课程，强调在学习中实现语言的工具性和人文性的统一。从宏观上把握，小学语文教育的核心任务是使受教育者成为全面发展、完善的人。为了实现这一目标，小学生在小学语文学习阶段，必须接触大量的语言资料，形成语感，掌握基本的文字和语法并对其加以熟练地运用。学生的语言能力由小到大——由字词句到段再到篇，进而自如地掌握母语的语言文字；思维能力由浅入深——由能提出问题到思考"是什么"再到思考"为什么"，培养思维的深刻性、条理性和精确性；审美能力由无到有——由对美的初步感知到对美的自主发现再到对美的创造。儿童文学在这一教育教学活动中起着较为重要的作用。

（二）培养学生的欣赏能力

欣赏儿童文学是儿童在听和看文学作品时的一种精神活动，是在听和看文学作品时引发的一种艺术思维活动和审美活动，是对儿童文学作品整体性的感受、体验和认识。由于儿童读者对象的年龄特点，他们在欣赏文学作品时常表现出其独特性。因此，教学时把握儿童文学欣赏特点，有助于提高小学生审美水平，提升语文阅读质量。培养学生的欣赏能力，有以下两个方面。

一是整体感知。由于儿童知识经验的贫乏，文学欣赏能力较低，他们在欣赏作品时，其感知往往是跳跃式的，他们对文学作品的欣赏偏重于直观感受，注意作品中的形状、色彩及声音，对新颖、奇特、富于动感的人物形象和曲折动人的故事情节非常感兴趣，而对那些抽象的、理性的阐述，如细腻的心理刻画和复杂的环境描写，往往没兴趣，甚至反感。所以他们主动跳过不感兴趣的和不太明白的生字、生词、生义，对整个作品进行大体把握。而大体的把握又帮助他们对那些生疏的地方进行理解，提前领会。儿童就是这样按自己的阅读体会，以这种"好读书，不求甚解"的笼统而模糊的处理方式，对文本获得一种朦胧的审美感受。这正是当前语文阅读教学新理念所追求的"语感"及"整体性"。例如，在《小小竹排画中游》这篇课文的教学中，可从课题导入，引导学生先理解"游"的意思，再理解课题的意思；然后泛读课文，整体感知课文内容，通过配乐泛读课文，也可以播放课文朗读的录音；再进行朗读感悟，创设情境，使学生入情入境地朗读课文，感受江南水乡的美丽、富饶；最后进行拓展说话，再创情境，练习说话，继续播放课件。小竹排游到了江南的其他风景名胜区，让学生进行情境说话练习，说几句赞美风景的话。这样教，就是顺应了学生这一欣赏的特点。如果语文教师明确儿童文学欣赏的这种特殊性，在阅读教学时就不会在字、词、句上纠缠不休，就不会把文本肢解得只剩几根"筋"，让整体语感荡然无存，使学生觉得学语文索然无味。

二是亲身体验。儿童在欣赏文学作品时，易于投入感情。一旦进入作品当中，他们会情不自禁地参与到作品中去，将自己想象成作品中的一个角色，或高兴或悲伤，或喜悦或忧愁，其情绪情感随着角色在故事情节中的命运而起伏变化。他们甚至忘记了自己是在虚构的作品中，以至于对着作品中的形象议论纷纷。他们会把自己编织到作品的故事情节里，与作品中的人物同呼吸、共命运。当他们被牵引进作品情境，往往还会异想天开，按自己的好恶情感，去改造、安排原来的故事情节，创编出一个更符合自己意愿的新故事。结合儿童文学欣赏的这一特点，从语文教学角度来讲，要思考的就是语文教学再也不能只满足于对文本的复制，语文教师也不能只充当教材的代言人，而是应该以一颗未泯的童心去换位思考，全方位挖掘文本的语言、人文、美学等价值，并充分利用与文本相关的资源、信息，营造与文本呼应的审美氛围，使学生入情入景，受到情感的熏陶和思想的启迪，成为学生精神世界亲切的引领者。《狼和小羊》中"狼向小羊扑去"的结果，学生没有一个愿意说"羊死了"，而是想象猎人把狼打死了、狼太用力而跌到河里淹死了……这正是学生亲身体验、投入情感，再加以创造的生动例子。

（三）增强学生的文体意识

儿童文学的每一种文体都有鲜明的特点。现行的语文教学较少考虑儿童文学独特的文学身份，而是将其纳入成人文学作品中，归于同一种文学教学模式：主题思想——写作特点。由于不少语文教师缺乏儿童文学的文体知识，因此分析作品时未能抓住作品的精髓，往往只能断章取义，将充满儿童情趣的儿童文学作品分解得支离破碎，把童趣盎然的儿童文学教学变成枯燥乏味的说教。

尽管儿童文学的这些体裁与民间文学有着不可分割的血缘关系，有的甚至是借鉴成人文学的体裁分化过渡而形成的，但儿童文学体裁却有自己的独立性和独特性。如儿童诗抒发的是儿童的情致，童话的幻想源于儿童本身就生活在幻想之中，小说以儿童形象为主，科学文艺的内容尽量回避了过于艰深的专业化知识等，每种体裁都顾及了儿童的年龄特点。因此，抓住了儿童文学的文体特点就等于找准了教学的核心，建立了语文教学的重要突破口。在教学活动中，语文教师应该具备必要的儿童文学文体知识，只有这样才能通过对相关教材的恰当处理，准确把握不同体裁的儿童文学作品的整体脉络、内在底蕴和精神实质。

以童话教学为例。童话具有与众不同的、鲜明的文体特点。童话作品中，人物是虚构的，环境是假设的，情节也是离奇的，充满了幻想和神奇，并借助拟人、夸张、象征等手法，将许多平凡又常见的人、物、现象编织成了一幅幅美丽而不平凡的文学图景，充满着自由、神奇的想象与浓烈的真、善、美的情感。所以，在教学《丑小鸭》《美丽的公鸡》《清清的小溪水》等童话作品时，应多在激发学生的想象力上下功夫。通过朗读、表演等方式渲染气氛，创设教学情境，营造宽松自由的课堂氛围，让学生在幻想的世界里自由翱翔，丰富自己的生命体验和审美经验，最大限度地开发和释放自己创造的潜力，以使其充分感受童话作品的文学魅力。

（四）激发学生的儿童情趣

儿童情趣是儿童文学的生命。儿童情趣所具有的能引起儿童的各种不同感情的性质，使儿童愉快，使儿童感到有意思、有吸引力的特性，都是从儿童的角度出发，以儿童的耳朵去听，以儿童的眼睛去看，以儿童的心灵去体会。《借生日》《捞月亮》《小蚱蜢》等儿童文学作品中表现出的儿童情趣，在成人看来有时是不符合生活逻辑或不屑一顾的，但它是儿童所独有的，是儿童心理、性格特点的体现，是他们真情的自然流露，与作品的内容水乳交融，渗透于整个作品之中，通过语言、情节、结构、表现手法等方面体现出来。由于学生的理解能力有限，作品中的儿童情趣很多时候要靠教师去指点、发掘。所以，教师在教学时，应细心体会、琢磨儿童情趣，要把自己置身于儿童之中，要用儿童的眼光看待事物，要用儿童的心理去思索问题，认真体察儿童的心理和情感。

第五节　儿童文学对于小学语文教育的人文价值

语文学科的人文性，包含了文化性，是在文化的土壤里培植出来的人文精神之花。离开了文化的底蕴、内涵，人文精神就无所依傍。就语文而言，人文性主要指：尊重儿童天性，发展儿童的个性，启迪儿童的灵性，诱发儿童的悟性，激发儿童的创造性，以及对人的理解、关心和信任。我们要树立"以学生发展为本"的教育思想，改变过去教学中"目中无人""心中无儿童"的现象，让儿童真正成为语文教育的主人，让学生真正成为课堂的主人，让课堂焕发生命的活力，让课堂充满智慧的挑战。

一、发挥儿童文学的美感作用

儿童文学的美感作用，亦称"审美作用"或"审美享受"。儿童文学和成人文学一样，既是生活的真实反映，也是生活的审美反映。它集中表现了生活美、自然美，并创造了艺术美。优秀的儿童文学作品总是以其丰富的美感使儿童产生感情上的刺激，获得精神上的愉悦和满足，同时也以此陶冶他们的思想情操，培养他们欣赏美、创造美的能力。

凡文学都应该是美的，没有美就没有文学。儿童文学将生活中较粗糙、分散和处于自然形态的美的事物，形象地概括提炼为更强烈、更丰满和更理想的艺术美，以影响儿童的思想感情，陶冶和培养儿童健康的生活情趣，发展其欣赏能力，加深他们对现实中美的感受和领悟。像英国王尔德笔下的《快乐王子》，尽管主人公的结局是悲惨的，但他在读者的心里所激起的感情却愈来愈纯洁，愈来愈高尚，使读者从中获得了美的享受。同样，生活中的丑在作家笔下亦能变成具有审美价值的艺术形象。像安徒生的《皇帝的新装》，就可以使读者在讥笑和否定丑恶的同时，更加向往生活中崇高的美。

二、挖掘语文课程中的人文精神

人文性的实质是人文精神。人文精神的内涵应包括知、情、意等方面，主要指人格、情感、意志、性格、心理品质等。人文精神最集中的特点就是对人心理的滋养作用，它是人类文明成果的思想内核，也是对人类的现状和未来的关注。要实现儿童文学视野下小学语文教育的美育目标，必须注重挖掘教材中儿童文学作品呈现出来的人文精神，并在教学中予以渗透、推广和弘扬。

我们认为，儿童文学的人文精神，大致包括如下几个维度。

（一）游戏精神

儿童文学通过具体的儿童文学作品让儿童得到愉悦和消遣，以及通过娱乐活动暗藏较深的思想认识和道德教育的内容，寓教于乐。儿童文学作品要拨动孩子们的心弦，使他们看了能产生一种愉悦的亲切感，游戏精神就应该成为儿童文学最永恒的精神，最重要的美学个性和品格。游戏精神的实质和美学特征是自由性、愉悦性和幻想性。在具体的儿童文学作品中，游戏精神的实质和美学特征通过人物塑造、情节设计、语言运用、游戏性氛围的创设等展现着其独特魅力，从而使儿童文学作品充满生气与活力，为儿童创造了一个真正属于他们的世界。游戏精神对儿童文学的重要意义，在于游戏精神使得儿童文学成为"快乐的文学"，对于儿童天性的保护、自我的发现、快乐地成长具有极其重要的意义。

（二）诗性精神

儿童文学的整体魅力在于它以相对简单的艺术形态表达出人类普遍、共同、永恒的感受，体现人性的意义。它把优美的诗情和深刻的哲理融为一体，满足了人的诗性要求，纯洁了人类的精神世界。儿童文学诗性的最大亮点在于它的自然，线条明快、清新、亮丽，出于童心，发于人类原性。它不必充溢过剩的情感，更不必矫揉造作地抒情和苍白无力地感叹，它是一种娓娓道来的温馨。故事里包含了那种能打动人的自然的东西，自然流淌出来。儿童文学诗意的含蓄不是雾里看花，对孩子而言一切都是真切的，因自然而含蓄，儿童从中得以熏陶。儿童以独特的视角，产生独特的感受，审美价值由此得以实现。儿童文学诗意的浪漫来自儿童的天性，扎根于天真的土壤，通过一种奇幻的意念导出，诗意因此能在更为广阔的时空中驰骋。

（三）温情精神

儿童友善、纯真、弱小的性格特征，使童心世界充满温情。儿童情感世界的主旋律是爱和关怀，即使有些忧伤，也会在温情中溶解。儿童文学的诗意永远是暖色调的，充满和煦的阳光，充满人性的关怀。如《卖火柴的小女孩》，虽说是悲剧，但也沉浸在温情的诗意中。《随风而来的玛丽阿姨》中，玛丽既然随风而来，必定随风而去。当简和迈克尔伤心地看着玛丽带着他们的友情随风而去时，"对看了一下。他们的眼睛闪着快乐和理解的光芒。他们知道玛丽小姐的意思。""她把玛丽小姐的画像放到他手里。""像玛丽阿姨一向那样给他塞好被子……"结局虽然忧伤，却透着温暖。玛丽阿姨虽然走了，但爱还如从前。在作家笔下，诗意默默流淌，衬亮故事、点染心情。

（四）幽默精神

文学的幽默是人生观的体现。由于儿童独特的幻想和非逻辑性的感知心理结构，造就了儿童文学诗意的幽默性，他们善于另辟蹊径地揭开谜一般世界的谜底。儿童文学在幽默的诗意中构造情趣。由童心生成误会，由误会造成幽默，如雅诺什的《寻找巴拿马》、笛米特的《拉拉和我》、林格伦的《淘气包埃米尔》等都复活了充满童心的幽默世界，幽默含在最纯粹的童心里，自然生成诗意。作家们的智慧被一种充满温馨的"慈母原则"处理成了趣味无穷的想象和智慧闪耀的幽默。小学生长期受儿童文学幽默精神的熏陶，必然会养成风趣、旷达、乐观的人生态度，会一辈子受益无穷。

三、重视语文教育人文关怀

具体到语文课程方面，人文性意味着：语文课程应凸显教师的人文关怀，体现对学生文化个性的尊重，把人文精神的养成作为课程目标的一种课程价值取向。具体而论，语文课程的人文性应具备下列三个特质。第一，把人文精神的培养作为语文课程的价值取向，并以此来制定语文课程目标及选择语文课程资源。第二，学生作为具有文化个性的人，在语文课程中受到人文关怀，受到真善美的熏陶，其自身的体验和个性心理特征受到尊重。第三，教师成为语文课程的建构者、组织者和引导者，在课程中努力强调为学生发展服务的理念。

首先，在语文教育中注重人文性有助于转变教师观念，提高教师素质。倡导人文性，势必打破"教师中心"和语文课堂中的"权威主义""话语霸权"，使教师的地位和角色发生转变，由语文课程中的灌输者、命令者、训练者变为商讨者、组织者、引导者。倡导人文性，能促使教师在关注学生语文知识、语文能力发展的同时，更加关心学生的情感态度和价值观的发展。倡导人文性，更能让教师深刻理解"唯有用灵魂才能塑造灵魂"的道理，对营造宽松和谐、富有人文气息的课堂氛围将起到良好的作用。

其次，在语文教育中注重人文性，有助于转变学生观，维护学生自尊。"小人物"也有大自尊。自尊心是一个人精神上的脊梁，缺少自尊心的孩子可能一生都站不起来。注重人文性，必然认识到学生首先是人，是受人类文化熏陶的人，是生活中的人，是有其独特个性心理特征和情感体验的人。因此，在人文性的语文教育中，学生的独特情感体验将受到尊重，学生的学习方式将受到鼓励，学生将始终被看作是一个大写的"人"。此外，强调人文性，还有助于我们全面认识学生的发展，认识到学生的发展不仅仅表现在语文知识和语文能力方面，更表现在学生的人文素养方面。

最后，在语文教育中注重人文性，有助于转变学生的知识观，促进素养的养成。传统语文课程过于强调工具性，片面强调知识的系统性和对知识进行强化巩固，忽视获取知识的过程与方法及以知识为载体的情感态度与价值观的养成。在语文课程中倡导人文性，必然有助于纠正片面强调工具性的偏差，使知识的获取与学生的个人体验与感悟相联系，与学生的身心发展规律相适应。此外，倡导人文性，还有助于打破语文教学中的"知识实用主义"观，强调非实用知识（如古代诗文）的教学，注重发挥其对人的潜移默化的影响，从而促进学生良好人文素养的养成。

第三章　小学语文教材中的童话教学

每一次都在徘徊孤单中坚强

每一次就算很受伤也不闪泪光

我知道我一直有双隐形的翅膀

带我飞飞过绝望

不去想他们拥有美丽的太阳

我看见每天的夕阳也会有变化

我知道我一直有双隐形的翅膀

带我飞给我希望……

隐形的翅膀让梦恒久比天长

留一个愿望让自己想象

中国台湾歌手张韶涵一曲甜美的《隐形的翅膀》，因为其通俗易懂，传唱大江南北，歌词健康，积极向上，又常被当作励志歌曲。北京大学前校长许智宏曾经在一次晚会上带领全体北大学子同唱《隐形的翅膀》，引起了轰动。

北京市2009年高考语文作文题目就以此歌为题材，命题作文：《我有一双隐形的翅膀》。在引用了歌词以后，命题人写道："我相信每个人都拥有一双隐形的翅膀，那是亲情的慰勉，那是友情的鼓励，那是信念的激扬……"它们为你插上神奇的翅膀，带你自由飞翔。请你以"隐形的翅膀"为题，写一篇文章。要求：①题目自拟。②立意自定。③文体自选（诗歌除外）。④所写内容须在话题范围内。⑤字数不少于800字。

更引起轰动的是，高考语文刚刚结束，著名的童话大王郑渊洁的一篇名为《我有一双隐形的翅膀》的文章就已经新鲜出炉了，速度之快令人惊叹。试欣赏片段：

我去过两次黄山，一次是1984年，一次是2009年。但是我都没上黄山。

这次，接待我的人对于我两次到黄山而不上山表示诧异。我说我不上黄山是由于黄山太矮。对方问我上过多高的山。我说珠穆朗玛峰，而且登顶过200余次。对方不信，我说我有隐形翅膀，能助我飞跃珠峰。

世界上有两种山，一种是自然界的山，一种是人生的山。我偏爱爬人生的山。我的书已经销售出1.5亿本，按每本1.5厘米的厚度计算，将它们叠置，相当于200余座珠穆朗玛峰。这两天，人民日报一位记者采访我，她对于我一个人写《童话大王》半月刊写了24年感到不可思议，我说这源于我有隐形的翅膀。

......

我庆幸自己拥有想象力的隐形翅膀，它帮助我一个人写一本名叫《童话大王》的半月刊长达24年，它帮助我创造了皮皮鲁、鲁西西、舒克和贝塔。最有魅力的往往是肉眼看不见的东西，比如想象力。想象力给你插上隐形的翅膀，使你成为能进行创造性劳动的人，飞跃人生事业的巅峰，一览众山小。

郑渊洁先生的这篇北京地区的高考命题作文虽然不是以一名高考生的视野来展开的，而是用一种淡淡的口吻来讲述自己的人生成长的足迹。我们读过此文后，感觉郑渊洁先生真的不愧是一名优秀的童话大王。想想看，如果没有这份和考生同场竞技的童真童趣，以及对任何一件小事情认真的精神，今天最著名的童话大王可能会是一个一事无成的人。正因为是他有一双隐形的翅膀，他的生命才会这样丰满，这样有力，这样永远有方向。

童话深受儿童喜爱，是小学语文课程的一个重要教学内容，童话是在现实生活的基础上通过幻想，采取拟人化的表现方法创造出来的假想故事。那些新奇幻想可以启发小学生丰富的想象，可以给小学生插上隐形的翅膀，使他们成为能进行创造性劳动的人。

第一节　小学语文中童话的特征和功能

童话在儿童文学中占有特殊的重要地位，是最富儿童特点、最受小读者欢迎的传统形式。全世界重要的古典儿童文学作家，都写过一些优秀童话。这是因为一个真正的儿童文学作家的创作思维总是与儿童思维相和谐、相亲近的，而儿童的思维方式就带有童话的特点，他们的游戏也时常显示着童话的色彩。儿童生活中的现实和幻想往往是很难截然分清的，他们几乎随时可以进入幻想的意境，而又随时可以再回到现实中来。他们往往靠幻想去填补对客观事物认识的空白，也靠幻想去拉近自己和任何一个客观事物的距离。

因此，对于与儿童心灵相通的儿童作家来说，童话的素材总会不期而遇地不断投入他们的怀抱，激起他们的创作冲动。这是童话之所以在儿童文学创作中总是占有重要地位的一方面原因。另一方面原因是儿童天性喜好新奇并且向往光明而又不平凡的事物，充满怪异和变化莫测情节的童话故事自然就深深吸引到他们。在童话自由驰骋的幻想中，儿童的好奇心得到满足，自信心得到增强。儿童文学作家们当然会注意到这一现象，从而自觉地为他们所关爱的儿童创作童话。

一、小学语文中童话的艺术特征

幻想是童话的基本艺术特征，也是童话用以反映生活的特殊艺术手段。它是童话的核心，也是童话的灵魂。没有幻想就没有童话。

（一）幻想奇特

幻想是创造想象的一种特殊形式。由个人愿望或社会需要引起，是一种指向未来的想象。童话中充满丰富的、诗意的幻想，作家利用幻想手段做折光的反射，借以寄托自己的情感和理想，表达对真、假、善、恶、美、丑的审美评价。例如安徒生写的《卖火柴的小女孩》就是幻想和现实的典范。读了《卖火柴的小女孩》，我们脑中就会浮现出"小女孩手抓一把火柴，被活活冻死"的画面。而文中小女孩四次擦火柴出现的幻想就是创造想象。作者根据小女孩身边燃尽的火柴梗，展开了丰富而又合理的想象：小女孩四次擦燃火柴，先后看到了温暖的火炉、喷香的烤鹅、美丽的圣诞树和慈爱的奶奶。小女孩的幻想充满着温暖、食物、欢乐和爱抚，最后跟着奶奶"飞到了没有寒冷，没有饥饿，也没有痛苦的地方去了"。这些都是借助想象虚构出来的，表现了穷人渴望摆脱黑暗，追求光明和幸福的强烈愿望。

（二）拟人逼真

童话通过幻想把动植物和没有生命的物体拟人化，具有人的思想感情，会说话、会思想、会行动。一方面，这些主人公具有人的某种性格特征；另一方面，又具有它自身的内在特性。例如《小猫钓鱼》，小猫天真活泼、顽皮好动、做事不专心的性格，和绝大多数儿童的性格有相似之处。同时，小猫爱吃鱼，爱捉蜻蜓，又是猫这种动物的真实本性。这篇童话通过描写一只淘气的小猫，表达了做事不能三心二意的主题。

（三）夸张渲染

童话还对所要表现的对象或某种特征，故意地夸大或缩小，以渲染气氛，塑造形象。如果童话里幻想的内容不夸张就会失去光彩；童话形象如果没有夸张的修饰就会显得黯淡。童话往往具有讽刺性，但如果没有夸张就会失去锋芒。童话的语言如果缺少夸张，就会缺乏感染力。如《皇帝的新装》里的那个赤裸裸的皇帝，在现实生活中是不可能有的，但我们相信这个故事，因为现实中就有这种骗子，利用一些人的虚伪、愚昧，导演了一幕幕荒诞的闹剧。所以这种幻想源于现实又高于现实，具有象征的意义。

二、小学语文中童话的特殊功能

童话特殊的艺术价值在于符合社会要求、满足儿童需要这两方面具有巨大的特殊的功效。

（一）开启思想

童话其实是一种远距离地对生活审视的结果。童话对生活幻想性的反映，使其内容更有深度、更具深刻的哲理性。夸张、象征、拟人等手法的运用，使它对生活折射式的反映更接近生活中本质的真实，所以童话具有高层次的启智作用。而童话的特殊的艺术手段，最接近儿童的心理特征、思维特征，所以，它的思想品德教育、社会知识的传授最易为儿童接受。童话对生活的幻想性反映，使其内容极具广度。因为童话有化复杂为单纯、化深奥为浅显的特异功能，所以童话对社会生活的反映面远比小说要宽广得多。《汤姆的午夜花园》通过汤姆走进巴塞洛缪太太梦中的奇异故事，图画般地展示了巴塞洛缪太太的一生，写出了岁月催人老的沧桑感，表达了孩子们总是要长大的人生感慨。这样严肃的主题因与丰富的想象相结合而变得轻松了许多，自然能潜入小读者的思想之中。

（二）发展想象

童话的基本特征是幻想，而且是最丰富、最神奇的幻想。所以童话是激发儿童想象和幻想能力的最好文学样式。幻想本是儿童的一种天赋和本能，幻想需要正确地引导和培养。幻想力是创造力的基础，幻想是创造的开端。列宁说过："甚至数学也是需要幻想的，没有它，甚至不可能发明微积分。幻想是极其可贵的品质。"可以说童话集中了人类最大胆的幻想、最自由的幻想、最优秀的幻想。它的读者长大后一定是最具幻想力、最具创造力的人。

（三）培养美感

优秀的童话往往融思想美、情感美、形象美、意境美、语言美于一体，给儿童以巨大的美的享受。童话中的人物、童话中的故事、童话中的环境，这些被幻想笼罩着的一切都是美的。而童话的美，最集中地表现在有色彩、有节奏的意境美上。冰波的《大海，梦着一个童话》开头意境的创造很有代表性。"当圆圆的月亮，微笑地望着大海的时候，大海感到了它的温柔。当清凉的海风，缓缓地、轻轻地唱起一支古老的摇篮曲的时候，大海感到了微微的倦意。它轻轻地和着海风的节奏摇荡起来，把雪白的浪花推上金黄的沙滩。大海又轻轻地叹了一口气，说：呵，我真想睡了，看那星星都在眨着眼睛哩。大海睡着了。月亮披上了白云的薄纱，海风还在唱着轻柔的歌。大海安静地睡熟了。"这是让人心旷神怡、让人心灵纯净的美的意境。美的陶冶会使人变得纯真而高尚。

（四）愉悦童心

童话是给儿童最大快乐、最多生趣的文学样式。英国儿童文学家达顿说："儿童读物是为了给儿童获得内心的快乐而推出的印刷品。"高尚健康的娱乐能使儿童心灵净化，并进入更高的精神境界。童话的幻想、夸张、拟人等都具有极大的快乐因素，而儿童在童话境界中大胆自由的驰骋强化了快乐的感受。

第二节　小学语文中童话教学的意义

童话，是一种具有特殊审美价值的虚幻故事。它以拟人、夸张、象征为其主要表现手法，以幻想为其艺术形态，主要读者是儿童。小学语文中童话教学的意义体现在如下几个方面。

一、童话教学可以提高学生的语文素养

童话通过语言来表现鲜明的人物形象、生动的故事情节、深刻的情感和独特的艺术风格。童话的语言是浅近的、口语化的，但并不等于平庸、苍白，而是经过艺术提炼的，既通俗、明白、晓畅而又有艺术的美感。童话的语言具有幽默性和模糊性。儿童对童话的理解会因为自身的生活经历和想象力的不同而变得非常丰富。语言可以给儿童想象的空间，使儿童在感受语言美的同时，发展儿童的想象力和思维力。所以教师应该利用童话作为载体激发学生阅读的兴趣，培养学生的语文素养。

二、童话教学可以提高学生的写作能力

俄罗斯小说家邦达列夫说："一个人打开一本书，就是在仔细观察第二生活。就像在镜子深处，寻找自己的主角，寻找着自己思考的答案，不由自主会把别人的命运、别人的勇敢精神与个人的性格特点相比较，感到遗憾、怀疑、懊恼，他会哭、会笑、会同情和参与。"学生写作其实就是用笔说话，就是要写出他们的真实情感。小学生在作文中常常写套话、大人话，根本没有写出自己的心里话。文章贵在求真，童话为孩子找到心灵的栖息所——儿童的真实情感世界，为学生感受和体验丰富多彩的情感提供了机会。儿童在学习课本中的童话后，再在老师的引导下阅读更多的童话，可以获得间接的生活积累，丰富对人生的体验感受，提高对生活认识的能力。

童话对儿童的吸引力比较强，儿童通过阅读童话作品可以开阔视野，积累更多的课外知识，获得丰富的语言积累，提高他们遣词造句的能力。假设小学生没有课外阅读，那么他们在作文中就不能恰如其分地表达自己的思想感情。

小学生平时要注重童话的课外阅读，学习其中好的词语、句式以及修辞手法，养成积累的习惯，写作时就会写出比较好的作文。而学生在学习童话时培养的想象力对写作文又有促进作用，因为丰富的想象力会有效地帮助学生打开思路、活跃思维。

三、童话教学可以培养学生的审美情感

小学儿童的情感发展特点是：情感的表现形态不断发生变化；儿童不善于控制自己的情感，情绪多变，激情占优势，心境的持续时间短；情感的内容不断丰

富；情感的稳定性不断增强；高级社会性情感逐步发展。

童话以一种儿童可以接受的方式描绘了世界上一切情感：爱与恨、情和仇、喜和悲、乐与苦、敬与畏等。儿童在欣赏和感悟童话时获得的情感体验来自他们的生活体验，在肯定或否定的心理反应中，他们体会到了喜欢、愤怒、悲伤、爱慕、厌恶、赞赏等情感。这些体验的获得，对儿童的个性发展和社会性也是很有好处的。儿童在阅读童话的过程中，会进入光怪陆离的童话幻境，体验现实生活中未曾体验的过程，同时还可以从童话中感受粗犷的美、幽默的美、抒情的美以及喜剧美、悲剧美……儿童在阅读童话的过程中会使心灵日渐丰富，审美品位不断提高。

四、童话教学可以培养学生的想象能力

想象是在外界的刺激影响下，人们在头脑中通过先前感知过的事物加工改造，是形成新形象的过程。想象是创造的基础，它在人类认识客观、改造世界的过程中有着重要的作用。没有想象力就没有创造力和创新精神。儿童因为认知能力和知识经验的不足，很难对一些千奇百怪的现象做出科学的解释，要解开这些疑团，儿童唯有借助想象去解读童话。儿童比起成年人来，更喜欢想象，在某种程度上比成人更富于创造性。在儿童对丑小鸭的遐想中，在对卖火柴的小女孩的同情中，在对动物们的生活的向往中，都是儿童的想象在活动。

童话的基本特征是幻想，而且是最丰富、最自由的幻想，因而童话是激发儿童想象力的最好文学样式。中国台湾作家林良在《童话的特质》一文里，将童话世界作为建筑物来分析，以最常用的五种积木来描述它的特征，这五种积木分别是"物我关系的混乱""一切的一切都是人""时空观念的解体""超自然主义""夸张的'观念人物'塑造"。童话把现实中复杂的问题单纯化、深奥的问题浅显化、严肃的问题轻松化，让一些抽象的道理和道德观念自然地潜入儿童的思想之中。而且童话有完美的大结局，能够增强儿童的信心，激发儿童对现实世界的憧憬和向往，对儿童认识世界起到了很好的正面引导作用。生动的形象、精辟的比喻、自由飞翔的幻想，可以帮助他们了解本来比较艰深的思想道理，培养他们的想象力。

从心理学的角度说，小学生正是最富于幻想且想象力最旺盛的时期。童话作品中丰富的幻想与想象，正同他们的心理特征相吻合。教师要善于利用童话的特点在教学中培养学生的想象力和创造力。语言文字可以给儿童想象的空间，使儿童在感受语言美的同时，发展想象力和思维力。教师在课后应该向学生推荐更多优秀的童话作品，让学生阅读更多的童话作品，发展他们的想象力和思维力。

第三节   童话教学中存在问题以及对应策略

为了调查小学语文童话教学中实际存在的问题，我们在进行本课题实验的学校里给小学语文教师发放了200份问卷。发放的学校有九所，回收的有效问卷有189份。其中三所是农村小学，共发放70份问卷；三所是市区的普通小学，共发放70份问卷；两所是市区的私立学校，共发放问卷60份。在农村小学回收有效问卷64份，回收率91.5%；在城市小学回收有效问卷67份，回收率95.7%；在私立学校回收有效问卷56份，回收率93%。

表一：你认为在童话教学中采用哪种方式最好？

选项 人数和比例	A 按平常 课文教	B 进行各种 形式朗读	C 教师精讲	D 让学生改写和表演 童话，配音乐和插图
人数	31	43	42	73
比例	17%	23%	22%	38%

表二：你在实际教学中最常用的教学方式是什么？

选项 人数和比例	A 按平常 课文教	B 进行各种 形式朗读	C 教师精讲	D 让学生改写和表演 童话，配音乐和插图
人数	72	41	42	34
比例	38%	22%	22%	18%

表三：在教学童话时你最注重的是什么？

选项 人数和比例	A 注重朗读	B 注重分析、 精讲课文	C 注重思想教育	D 注重引导学生想象
人数	39	55	61	24
比例	21%	29%	38%	12%

表四：你会主动阅读补充自身的童话理论知识吗？

选项 人数和比例	A 很少	B 偶尔	C 经常
人数	58	107	24
比例	31%	57%	12%

从以上调查可以看出，小学语文中童话教学存在的主要问题有以下方面。

一、不注重培养想象力

从表三可以看出，教师们注重引导学生进行想象的比例只有12%，大部分的教师都不注重培养学生的想象力。以《卖火柴的小女孩》的课堂教学为例，"同学们，去年的大年夜你们是怎样过的？（生答略）大年夜本来是非常高兴的一天，一家人在一起吃团圆饭，有鸡、有鸭、有鱼、有虾……我们的生活是多么幸福啊！但有一个小女孩，她在大年夜还要在街上卖火柴，你们想知道她在街上卖火柴时发生了什么事吗？今天我们就来学习一篇安徒生的童话《卖火柴的小女孩》（板书课题），看看到底发生了什么事情。"可以想象，在教师的强势引导之下，学生的体验将围绕小女孩的可怜而展开。教师只顾及分析小女孩不幸遭遇所反映出来的生存困境，而忽略了小女孩几次划火柴时产生的美妙而短暂的快乐。在具有宗教意识的安徒生那里，小女孩的灵魂与祖母一起飞向天国的情景是真实的。所以在原作里，安徒生用肯定的笔调写道："没人知道她在怎样的光明中和她的祖母飞走了，飞进新年的快乐中去了。"所以著名儿童文学理论家朱自强比较自信地说："我相信，《卖火柴的小女孩》的这部分笔墨在宣泄作家的创作欲求方面所发挥的作用，绝不亚于那些描写小女孩的悲惨生活的笔墨。"我们认为朱自强教授的判断是非常有道理的。一些老师忽视了学生在阅读童话的过程中产生的种种情感体验，即在深入地与文本对话后所产生的对情境的再现，对故事中人物的喜爱、同情和向往等美好的感情。这就限制了引导学生领会童话中的艺术形象，难以培养学生丰富的想象力。

二、偏重于灌输知识

从表三可以看出，在童话教学时，老师们都注重思想教育和学习知识，却忽略了童话本身的艺术特点。请看童话课文《七颗钻石》的教学设计：课文中水罐一共发生了几次变化？每一次都是怎么变的？（教师让学生读课文找答案）第一次，水罐由木的变成了银的，为什么会发生这样的变化？从中你感受到了什么？（再次读课文，交流讨论）后来，水罐为什么会发生多次变化？用刚才的方法，自学交流。

很多童话的教学与上面的案例相同，只注重故事情节，忽视了其中蕴藏的深刻内涵。学生阅读了童话故事，留下的是什么样的印象呢？教师总是利用童话教学对学生进行道德灌输或传授一般的知识，这种目标上的强烈功利性直接导致了成人化的教学内容：即以成人自己的标准评判作品中的事件与人物，对作品进行过多理性的分析和议论。在教学过程中，老师总是用自己的判断标准告诉学生什么是真善美，什么是假恶丑，而不是让学生自己去感悟、去判断童话所表现出来真善美和假恶丑。

三、忽视个性化阅读

从表二可以看出，有38%的教师在童话教学时是按平常课文来教学的，只有18%的教师在教学时让学生进行表演和改写童话。教师面对文本，没有保持一颗童心，也没有保留一份童趣，也没有像儿童般投入所有经历去领悟、去体验，总是想着让学生来接受自己的知识与劝导，没有尽力激活儿童的阅读欲求。儿童与成人不同，成人有一定的阅读和生活经验，很容易将文字转化为脑海中的形象。小学生由于年龄与审美经验的不足，对文字的内涵往往难以把握。这就需要我们蹲下来，用儿童能够理解的方式去唤起他们的审美体验，激发他们的想象力，以使其充分感受文学的美妙。儿童思维的最大特征是与原始思维相通的泛灵性。在儿童眼里，宇宙万物是有生命、有感情的。看见波涛滚滚的大海，会以为有个发怒的怪物藏在里面；看见天上的月亮会以为是一张脸。如果告诉儿童大海波涛滚滚是因为潮起潮落，并没有怪物在里面；告诉他们月亮的发亮是反射太阳的光，月亮是围绕着太阳转动，则儿童不一定可以听得懂，也不一定有兴趣听这种"科学"的解释。

针对小学语文童话教学中的弊端，我们认为，小学语文教师应该根据童话的文本特点，在课堂教学中采用与之适应的教学对策。

四、走进想象中的神奇意境

幻想是童话的基本特征。教师要引导学生走进作家编织的奇异的情节及营造的浓厚幻想氛围中去。例如，教师在教学童话《去年的树》第一部分时，可以重点让学生边读边想象大树和鸟儿在一起的幸福时光，为后面理解鸟儿与树分别后的牵挂和经历千辛万苦寻找不到的悲伤情景埋下伏笔。作者描写鸟儿和树根、大门、小姑娘的三次对话，是为了表现鸟儿寻找树的过程。在教学过程中再次让学生想象，鸟儿在途中可能遇到的困难。学生在想象中激活了思维，有的学生想到了鸟儿可能遇到猎人的捕杀，有的学生想到了鸟儿可能遇到狂风暴雨等，但是这一切都不能阻挡它寻找朋友的脚步。这一想象让学生充分地体验到小鸟对友谊和诺言的忠诚。课文最后一部分，鸟儿和化身为灯火的大树告别的情景，引导学生第三次想象，想象鸟儿盯着灯火看时，可能在想些什么？想象分别后重逢，却不是原来的好朋友大树时，鸟儿又会说些什么？这样的想象将学生带到一个独特的场景中去，学生仿佛身临其境，真切地感受到了鸟儿和大树之间生死不渝的友谊，使学生的情感产生共鸣。这样的想象把学生带进童话的意境，而童话的神奇意境让学生的情感得到升华。

五、讲好关键处的核心内容

很多童话作品，因为情节曲折的缘故，篇幅相对其他体裁的文章而言较长。教师在课堂教学中，应大胆创新，采用"长文短教"的办法。要让学生自己去发现问题，讨论问题；要启发学生积极思维，主动地理解课文。学生在把课文读正确、流利的基础上，提出疑难问题或不理解的词语和句子。教师梳理、归纳学生提出的问题后，引导学生带着问题去读书，去思考，想办法解决问题。教师只讲关键处，不需通讲课文。一位教师在总结童话《小猴子下山》一课时，根据教材的特点和学生们的好奇心提问："第二天小猴再下山时，它还会到什么地方，做什么呢？它的做事不专一的毛病能改吗？"这样的问话就牵动了学生的思绪，学生就会利用课余时间去研究这个问题，同时也激起了学生再阅读的兴趣。

六、尊重个性化的阅读体验

在"个性化"这个词日益被人们所关注的今天，许多学者开始从不同的角度来诠释"个性化"的内涵。但一般来讲，都是从教学的角度来解释的："个性化教学是指教师以个性化的教学手段，满足学生个性化的学，并促进个体人格健康发展的教学活动。"学生面对同一篇作品，不同的心理基础和生活经验会导致其解读方式的不同，获得的体验和感悟也不同。阅读是学生个性化的行为，不应以教师的分析来剥夺学生的阅读实践和阅读体验。

请看一则《小白兔和小灰兔》的教学片段：

师：通过刚才的学习，大家说说你是喜欢小白兔呢还是喜欢小灰兔呢？

（同学们纷纷举手）

生：我喜欢小白兔，因为他自己种菜，有吃不完的菜。

生：我也喜欢小白兔，他自己种的菜吃不完，还送给老山羊。

生：我喜欢小白兔，他不像小灰兔那样懒惰，老向别人要菜吃。

大多数学生都放下手，表示赞同，有几个还在举手，于是老师又叫了几个学生回答。

生：我喜欢小灰兔，老山羊来送白菜，小灰兔就去帮忙，他也是爱劳动的。

生：我喜欢小灰兔，小灰兔有礼貌，老山羊送给他白菜，他说："谢谢你。"

生：我也喜欢小灰兔，小灰兔知道自己错了，就开始自己种菜了，他知错能改，应该表扬。

师：小白兔和小灰兔都有很多优点，那我们应该喜欢谁呢？

生（齐）：我们喜欢小灰兔，也喜欢小白兔。

从这个教学片段可以看出，教师充分尊重了学生的阅读感受和独特的见解，让学生进行个性化的阅读。前面三个学生都说喜欢小白兔，理由相当充分，符合编者的意图。但这位教师又叫了三个同学发表自己的见解，他们都是喜欢小灰兔的，理由也充分。最后教师因势利导："小白兔和小灰兔都有很多优点，那我们应该喜欢谁呢？"学生齐说："我们喜欢小灰兔，也喜欢小白兔。"教师在教学中尊重了学生对课文的独特理解和感受，还启发了学生认识到：世界上没有十全十美的人，也没有一无是处的人，要全面地去看待每一个人和每一件事。

七、采用多样化的教学方式

（一）表演童话

儿童之所以喜爱童话，是因为童话的幻想性和强烈的游戏精神最能满足儿童的审美心理和审美情趣的需求。但从表二可以看出，在教学时让学生表演童话的教师比例只有18%。这说明在实际教学中，大部分教师习惯对童话进行理性的"分析"，使那些生动而鲜明的童话形象被肢解了。学生随着教师的一步步"分析"而淡化了学习兴趣。因而童话教学切忌进行过多的理性分析，要根据不同类型童话的特点，充分利用童话的幻想性和游戏精神来展开教学。

一位教师教学《小猴子下山》时是这样设计的：

教师先准备好玉米、桃、西瓜等模型教具和小猴子、小白兔的头饰，然后找两个学生分别戴上小猴子和小白兔的头饰来扮演小猴子和小白兔。"小猴子"按照书上的五幅图画的情景，表演扛玉米→扔玉米、摘桃→扔桃、摘西瓜→扔西瓜→追"小白兔"。"小白兔"在"小猴子"的追赶下迅速跑回树林子并摘下头饰。"小猴子"东张西望，什么也没找到，最后垂头丧气地回家了。

通过表演，满足了学生喜欢游戏的天性，增强了学生对文本的真实体验，加深了学生对课文内容的理解，提高了学生学习语文的兴趣，培养了学生敢于表演自我的勇气，还锻炼了学生的合作意识和组织能力。新课程标准倡导的"自主、合作、探究的学习方式"得到了充分的体验。

（二）改写童话

在学习熟悉课文的基础上，教师可以先引导学生复述学习的童话，然后鼓励学生对童话进行改写。教师可以指导学生在复述童话的过程中加入自己的想象，引导学生发挥想象力去改写童话。小学生的思维正处于想象力发展的"敏感期"，教师应该根据学生的实际，让学生尽情展开想象，大胆想象，培养儿童的想象力。比如，鼓励学生给童话改写结尾，更改人物的角色，从另外一个角度来重新写童话。通过这样的写作锻炼，有利于锻炼学生的表达能力，培养学生创新性思维。

（三）续编故事

为了帮助学生体会童话的语言情感，培养学生的想象能力和语言表达能力，可以让学生续编故事。例如，一位教师在教学《丑小鸭》一文时，充分利用文本，设计了两个想象写作练习，要求学生通过对故事的解读，进行角色的换位，用朴实的语言写出他们新的感悟。第一个练习是在丑小鸭被迫离家出走时，给家人写一封告别信。第二个是在丑小鸭变成天鹅之后，让学生写一封报喜信。然后指导学生结合自己的想象续编童话故事。续编童话故事可以有效地培养学生的想象能力和语言表达能力。

（四）多元教学

配音乐、写书评、给童话配插图、利用多媒体课件、做游戏、写童话日记等都是童话教学的好方法。小学语文教师还需要加强童话教学的理论知识，需要多阅读古今中外的童话名著，采用多样的方式来讲授童话。最重要的是应该保持一颗童心来教学，这样才可以站在孩子的角度去解读童话，陪伴着孩子们走进童话世界，与孩子们一起分享其中的喜怒哀乐，帮助学生实现心灵的成长。

第四节　小学语文中的"童话式"教学

童话世界弥漫着魔力的气息，对孩子充满着吸引力。在小学语文教学中创设童话情境，营造童话世界，让学生自由地徜徉在童话的语文世界里，从而调动学生学习的积极性和创造性，激活语文课堂，促进学生个性发展。这就是所谓的"童话式"教学。

一、创设学习情境，促进思维发展

运用多种形象而直观的教学手段，创设丰富多彩的教学情境，让学生学会探究，学会解决问题，让他们在不断的摸索中创造有个性的学习方法。创设学习情境是学生知识内化的一个很重要的手段。现在一年级的老师都认识到要教学生认读一个字或一个词都不难，只要老师多带读几遍，多重复几遍就可以了。但这是不够的，我们还要求学生会学，特别是离开老师后能够自学，而这需要老师花费大量心血来培养。这就像我们平常所说："想出点子，突破重点，找到规律性的东西。"

某实验学校的一位老师在教《我长大一岁》一课时是这样设计的：老师先问："这儿有两本挂历，有什么不同啊？"学生说："一本大一本小，一本有花边，一本长方形，一本圆形。"老师将挂历侧面对着学生，说："一本厚，一本薄。"全班同学大声喊起来。老师："你们知道这是为什么吗？"学生这下更认真看了。学生："一本是2021年的，只剩下几天了，所以只有几张了。""一本是2022年的，还没开始用呢。"老师："对了。2021年马上就要过去了，我们怎么样了呢？"（读课题）学生说："我长大了一岁了。"接着老师便有感情地读课文，学生们都不禁鼓起掌来。

别看他们年纪都小，他们却是一个个活泼的生命，他们也有情感、有悟性，能享受审美情趣。可见，教师带领他们走进语文学习的殿堂，在语言天地里畅游，共同创造学习情境是何等重要。

还有一位老师在教学看图讲故事《太多了》时，通过创设情境，引导孩子们想象"假如你是其中的一只小熊，你会想些什么，会说些什么，会怎么做"时，孩子们兴致勃勃，有的给小熊起名字，有的把自己当成掉进水里的一只小熊，有的把自己当成了岸上的一只小熊，人人都融入进了故事里。

二、激发学生情感，尊重个性表达

《课程标准》指出："阅读要注重情感体验，形成良好的语感。"但一年级的小朋友不懂这些，怎样在读中体验情感，靠老师的讲解很难收到理想的效果。一位老师在教学《我的家》这课时，利用自身朗读的优势，教师范读时潜心投入、情感充沛，把学生的情感充分调动起来，让学生从听中感悟，从模仿练读中自悟，感受到被人关爱和爱别人的温暖与幸福。在老师的指导下，学生又边读边做动作，读得津津有味，真正唤起情感的共鸣。阅读是心智活动，是学生的个性化行为，要珍视学生读书的感受、体验和理解。成人对同一部文学作品常常褒贬不一，我们更不能要求学生对同一篇文章有同一的认识。课标要求教师应让学生在主动积极的思维和情感活动中，加深理解和体验，有所感悟和思考，受到情感熏陶，获得思想启迪，享受审美乐趣。教师应尊重并珍视学生富有个性的独特的情感体验和思维方式，要有童心、童趣。

在教《小鱼的梦》这课时，一位老师非常注重学生的情感体验、充分创设情境，老师和学生都带上小鱼的头饰，在教室里自由自在地游来游去，然后在催眠曲的音乐声中进入梦乡，让学生感受到课堂不仅是学习的地方，更是他们"生活"的园地。整堂课，老师充分让学生用自己的眼睛观察，用自己的耳朵倾听，用自己的心灵去感悟、去想象。如让学生想象小鱼做了甜甜的梦，它会梦见什么？每个小朋友都做过梦，在他们亲身经历的基础上，让他们参与讨论，参与探究，学生的自主性、积极性就更高了。孩子们思维活跃，想象丰富，有的学生说："小鱼梦见它跳过龙门，变成一只会飞的龙。"也有的说："小鱼梦见它坐上飞机了。"可惜的是一节课的时间太短了，小朋友们没能把自己独特的想象全都表达出来，只能等下课以后互相交流了。还有一位老师在教学时，也非常注重使学生的主体性得到充分的张扬。在看图讲故事《太多了》时，让学生自由充分地表达，做到想说什么就说什么。一个学生给小熊起名字时，很有创意地把它们叫作"老大、老二、老三、老四"。新课程倡导学生主动参与，乐于探究，勤于动手，让学生主动地、富有个性地学习。这就是要尊重每个学生的独特个性和生活经验。在和谐、自主的课堂氛围中，培养学生对身边事物的独特感受，让他们用稚嫩纯真的童心自由地去体验自然、体验社会，将爱心与传统美德的教育潜移默化地融入学习活动中。

三、抓住童话特点，启迪学生想象

童话是儿童非常喜欢的一种样式，是一种具有浓厚幻想色彩的虚构故事。它是按照儿童的心理特点和需要，通过丰富的幻想、夸张、拟人和想象等手法来塑造鲜明的形象，用曲折动人的故事情节和浅显易懂的语言文字反映社会生活，扬善抑恶，起到教育人的目的。教学中，指导阅读童话，首先要指导学生弄清楚课文属于哪种类型的童话，这有助于记忆故事、理解内容、启迪想象。童话的分类如下：①人物童话，就是以普通的人物作为主人公的童话。②知识童话（也叫科学童话），就是把神奇的科学世界或者未来世界的远景用童话的形式表现出来，引起少年儿童的浓厚兴趣。③拟人化童话，就是将大自然中的动物、植物或者世界上一切没有生命的东西，赋予人的生命，模拟人的语言，成为童话中的"人物"。④超人化童话，就是把童话中的人物形象塑造成一些超自然的、幻想的、想象中的形象。弄清楚了这些类型，就能使学生对童话本身的特点有一个比较清晰的概念性认识，便于进一步学习童话，启迪思考和想象的智慧。其具体方法如下。

一是抓住幻想特点。童话最显著的特点就是幻想，童话故事就是作者通过丰富的幻想、想象和夸张创造出来的。因此，在教学中一定要把学生的思维带进童话的幻想世界里去，启发学生想象。想象力是小学生思维世界里最活跃的能力，是最可贵的生命力。想象力在小学生的世界里，具有不可缺少且无与伦比的重要作用。没有了想象力，小学生也就失去了作为孩子的特征，也就失去了自己的"童话"，小学生没有了自己的"童话"，也就失去了创造力。想象能力的培养虽说是多方面的，但最关键的是教育，语文教学又是教育的主阵地。我们教师应在教育教学实践中，充分利用这个主阵地，因势利导，努力挖掘教材中各种有利因素，培养学生的想象力。而童话教学正是培养小学生想象力的有力突破口和有效手段。在教学中，一般采用的模式是：兴趣引路、导入故事→学生朗读、感知故事→根据情节、讲述故事→幻想想象、充实故事→换个结尾、新编故事。整个教学中，充分激发学生学习童话的兴趣，引导学生反复朗读、反复体会、反复揣摩，把思维置于幻想想象的境界，充分理解童话内容，体会作者的写作意图、思想感情和生活真谛。整个教学过程中，围绕幻想和想象，引导学生充分体会童话故事本身浓烈的幻想氛围和超越时空制约的亦虚亦实、亦幻亦真的境界；多方位激发学生想象力，拓展他们的想象空间，有效地感知故事，理解童话内容；充分调动学生学习的主动性与想象力，重构故事结尾或者改编某个情节。

二是抓住结构特点。童话在表述上的突出特点就是故事结构完整，而且大都是按事情发展的顺序叙述的，情节又曲折离奇，所以它既有引人入胜的艺术魅力，又便于学生记住故事的情节，培养他们的创造性复述故事的能力。教学中，老师要指导学生弄清童话故事叙述的是一件什么事情，事情的起因、经过、结果都怎样，故事中有哪些人物或用拟人手法写的植物、动物等，主要的人或者物是谁，他们（它们）各自扮演了什么角色。指导学生抓住童话故事的完整结构、发展顺序、离奇情节，给学生一个完整故事的认知过程，以便通过复述这一重点训练来发展学生的说话能力，启迪思考与想象，加深对童话内容的理解。

三是抓住烘托特点。童话中类似的情节，往往用反复或者调换少数词语的方法来描述。作者就是利用这种反复重现中的微妙变化，推动故事情节的发展，烘托人物形象的。如《渔夫和金鱼的故事》，这则童话看似很长，但是几处情节的结构基本相似，很多词语只有细微的变化，作者就是通过这些词语的细微变化来推动情节发展，把老太婆贪婪、残忍的丑恶形象再现出来。教学时要充分利用这一点，抓住情节发展的线索，从词语反复重现的细微变化中进行比较分析，引导学生求同求异地思考，从而使学生深刻理解课文内容，使童话真正发挥启迪教育作用。除此之外，在童话教学中，我们要重视运用直观手段烘托情境，以帮助学生发展想象力，深化理解能力和记忆力；注意学习童话中形象的比拟、恰当的比喻以及精炼的语句和丰富的词汇，来提高自己阅读和写作的能力。

第五节　小学语文童话教学优秀案例举隅和解读

梅子涵教授说："自从有了童话，人类的生活就多了很多味道，多了幸福……文学和童话让人走到世间苦难的故事里，走进了一次，记忆就有了一次，读了一个，记忆里就增添一个。这是人的生命所渴望的。"孩子需要童话，生活需要童话，语文当然少不了童话。童话教学应该保持童话原有的神韵，跳出语文的圈子，赋予童话完整性。试以小学语文人教课标版四年级上册《巨人的花园》为例。

《巨人的花园》课堂实录及评析：

执教者：某省某实验小学　周老师、陈老师、魏老师

评析者：某省某市教育局教研室

上课背景：

某省新课程小学语文四年级上册（人教版实验教材）学科培训放在某县实验小学举行。根据培训活动的特定场景和需要，我们想在设计理念、课堂格局、教学模式上进行一次创新尝试，引发教师们的思辨讨论，于是展示了以下"读童话→说童话→写童话"的真实课堂历程。

总体设计理念：

（1）从全面发展学生语文素养的基本点出发，在整体把握教学内容的基础上，根据学生学习童话的特点，将文本阅读、口语交际、写作训练熔于一炉，分别设计了"读童话""说童话""写童话"三个相对独立又彼此整合的教学版块，以长短课的形式（40分钟，20分钟，30分钟）由三位教师分步实施教学，使学生对学习内容和形式始终有期待，激发学生学习语言的热情。

（2）本课教学立足于教材，充分挖掘文本资源，创造性地运用教材资源，拓展语文学习的内容、形式和渠道，促进学生听、说、读、写能力的协同发展。阅读部分紧扣主线，抓住花园情景及巨人态度的变化，通过不同层面、多种形式的读，引领学生走进文本，反复触摸文本语言，感受童话的魅力。口语交际部分依托文本蕴涵的交际契机，在生动形象的童话情境中转告好消息，评选形象大使，在不知不觉中激发学生交际的欲望，在兴趣盎然中培养学生的表达能力和交流能力。写作部分巧取文本空白点，大胆想象巨人的样子，奇妙构思孩子们与巨人玩耍的情景，加深学生对童话形象及童话主旨的认识，激发创作童话的欲望，感受创作童话的快乐。综上所述，教学旨在把《巨人的花园》看作是师生对话的"话题"和案例，为学生学习童话、学习语言提供多样的条件和途径，以利于学生语文综合素养的提高。

第一课时　触摸文本读童话

（学习时间：40分钟；由周老师执教）

学习目标

一、紧扣"没有孩子就没有春天"这一主线，抓住花园情景及人物态度的变化，通过朗读感悟童话表达上的特点，感受童话的魅力

二、将学文与学词结合起来，丰富词语积累

课前游戏

师：同学们，你们喜欢童话吗？那咱们来玩个跟童话有关的小游戏——看图片猜猜猜。请你认真看图片，然后猜一猜，这是来自哪篇童话？（1.《白雪公主》2.《海的女儿》3.《咕咚来了》4.《阿笨猫》5.《舒克和贝塔》）

师：看来，大家是多么喜欢、了解童话啊！童话，伴随着我们成长。童话、孩子，孩子、童话，是那么紧紧地联结在一起。

教学实录

一、揭示课题

师：今天，让我们一起走进英国著名作家王尔德的《巨人的花园》（板书，学生齐读课题）

二、初读感知

师：这是王尔德童话中最优美、最富有诗意的一篇。据说，王尔德给儿子讲《巨人的花园》时，竟然情不自禁地哭了起来。儿子问他为什么哭了，王尔德说："明媚的春天，可爱的孩子，是多么美呀！我是为真正美丽的事物感动、流泪。"接下去，请同学们自由读一读这篇感人的童话，读完后找一找，课文中哪句话使你感受最深，用笔画出来。（教师巡回检查学生朗读情况）

师：看来这篇童话把大家深深地吸引住了，同学们读得真认真！你愿意把你的发现与大家分享吗？

生：巨人终于明白，没有孩子的地方就没有春天。

生：巨人生活在漂亮的花园和孩子们中间，感到无比的幸福。

生：他不禁抱住了那个孩子："唤来寒冬的，是我那颗任性、冷酷的心啊！要不是你提醒，春天将永远被我赶走了。谢谢你!"

生：孩子们的欢笑使花园增添了春意。

生：不知怎么，巨人看着他的眼神，心里感到火辣辣的。

师：刚才，老师特意留意了一下，发现同学们划找的句子主要集中在这3句。（点击出现）

◇巨人终于明白，没有孩子的地方就没有春天。

◇他不禁抱住了那个孩子："唤来寒冬的，是我那颗任性、冷酷的心啊！要不是你提醒，春天将永远被我赶走了。谢谢你！"

◇巨人生活在漂亮的花园和孩子们中间，感到无比的幸福。

师：同学们，你们知道吗？从你们找出的句子中，躲藏着一个秘密。什么秘密呢？就是在这些句子中，藏着几个多次出现的关键词，请你马上用敏锐的眼睛去搜索，看谁能在第一时间找出来，是哪几个词？

生：孩子！

生：春天！

（随机点击词语）

师：是孩子，是春天！有了孩子的提醒，春天留住了；有了孩子的相伴，巨人幸福了。难怪巨人终于明白——

生齐接说：没有孩子的地方就没有春天。

师：（板书）反过来，也就是说，有孩子的地方——

生：（齐说）就有春天。

三、品读感悟

师：春天、孩子，孩子、春天，是那么紧紧地联结在一起。接下来，请一、二大组同学到文中去找当花园里有了孩子时，是一派怎样的春色的句子。请三、四大组找当花园里没有孩子时又是怎样的句子。

生：我找到的是"没有孩子的地方就没有春天"的句子——

但不知为什么，巨人的花园里仍然是冬天，天天狂风大作，雪花飞舞。巨人裹着毯子，还瑟瑟发抖。他想："今年的春天为什么这么冷，这么荒凉呀……"

师：没有了孩子，巨人的花园仍然是——（生接说：冬天）你从哪里看出来？

生：狂风大作。

生：雪花飞舞瑟瑟发抖。（师根据学生回答板书）

师：（播放课件）狂风呼呼地刮着，鹅毛般的大雪下个不停，巨人的花园里冷得像冰窖，真冷啊！你来读一读。

生：（声情并茂地读）——（内容略）

师：瑟瑟发抖是怎样的？谁上来比画比画？

师：大家看到了，在严寒中，巨人的身体在颤抖，那他的声音呢？

生：也在颤抖。

师：谁来读读巨人想说的话？

生1：——（内容略）

生2：（加上动作读）——（内容略）

师：请女生齐读，可以加上动作。

师：还从哪里看出"没有孩子的地方就没有春天"？

生：与此同时，鲜花凋谢，树叶飘落，花园又被冰雪覆盖了。

师：你觉得从哪里看出没有春天？

生1：鲜花凋谢，树叶飘落。

师：你真善于发现！请你把这两个词语认真地写在黑板上！

生2：冰雪覆盖。

师：对！这儿有个生字"覆"，笔画比较多，请大家看老师在黑板上写一遍。请在本子上写两个。

师：（教师巡回指导）你的"覆"写得真漂亮，请把"冰雪覆盖"写上去。

师：来，大家一起读一读这句话。

师：还有别的发现吗？

生：我找的是"有孩子的地方就有春天"的句子——

他抬头望去，一缕阳光从窗外射进来。好几个月没见过这么明媚的阳光了。巨人激动地跑到花园里，他看到花园里草翠花开，有许多孩子在欢快地游戏，他们大概是从围墙的破损处钻进来的。孩子们的欢笑使花园增添了春意。

师：哦，春天来了，春天在哪里？让我们和巨人一起找春天吧！请大家自由读读这一段话。

师：（采访）小朋友，你和巨人一起找到春天了吗？春天在哪里？

生1：春天在孩子们的欢笑里。

生2：春天在一缕阳光里。

师：只有一缕阳光吗？

生2：我知道了，春天在明媚的阳光里！

师：你能把"明媚的阳光"改成四个字吗？

生2：是阳光明媚。

师：很好，请你把"阳光明媚"写在黑板上。

生3：春天在草翠花开里。

师：请你把"草翠花开"写在黑板上。

师：春天来了，这样美丽的景色，巨人有多长时间没有见过春天了？

生：好几个月。

师：好几个月呐，如今看到明媚的阳光、草翠花开，巨人的心情怎样？

生：激动。

生：兴奋。

生：充满惊喜。

生：开心。

生：高兴。

师：请你带着这些感情来读一读这段话。

师：读得多好啊！老师也听出来了，当人激动、兴奋的时候，声音也响了，语速也快了，来，大家都来感受巨人的喜悦吧！全班齐读。

生：我还找到"有孩子的地方就有春天"的句子——

这个小男孩在树下一伸手，桃树马上绽出绿芽，开出许多美丽的花朵。

师：小男孩分明是个魔术师！他变出了什么？

生：绽出绿芽。

生：开出美丽的花朵。

师：多神奇呀！谁来读？

生：——（读略）

师：孩子，具有多么神奇的力量啊！没有孩子的地方就没有春天，有孩子的地方才有春天，来，大家一起读一读这些词语。

生：（齐读板书上的词语）

师：到底是什么原因使花园时而是春天，时而是冬天？巨人他做了些什么？

生：巨人不准孩子们进入花园。

生：巨人竖了"禁止入内"的牌子。

生：巨人一次次地斥责孩子们。

师：巨人是怎么斥责孩子的？

生："谁允许你们到这儿来玩的！都滚出去!"

生："好容易才盼来春天，你们又来胡闹。滚出去！"

生："喂！你赶快滚出去！"

师：听，滚出去！滚出去！你觉得，这是一个怎样的巨人？

生：这是一个非常自私的巨人。

生：这是一个没有爱心的巨人。

生：这是一个脾气暴躁的巨人。

生：这是一个很任性的巨人。

生：这是一个冷漠无情的巨人。

师：是啊，正是巨人的自私、任性、冷酷、粗暴，才一次次地赶走了孩子，也一次次赶走了美丽的春天。下面，请同学们分工合作，读一读我们刚才找到的精彩的句子。怎样分工？男同学读巨人一次次发火的句子，女同学读孩子带来春天不同变化的句子；怎样合作？请你听清楚老师的提示，你就能又快又准地接下去读。

（师生合作读）

师：巨人终于明白了，没有孩子的地方就没有春天，孩子带来春天里一切的美好。巨人的花园里还有许多有趣的事呢，接下来，由陈老师带领大家继续快乐的巨人花园之行。

附板书设计：

巨人的花园

没有孩子的地方就没有春天

阳光明媚　狂风大作

草翠花开　雪花飞舞

绽出绿芽　瑟瑟发抖

开出花朵　鲜花凋谢

树叶飘落　冰雪覆盖

第二课时　依托文本说童话

（学习时间：20分钟；陈老师执教）

学习目标

一、抓住"巨人把花园给了孩子们"这一交际契机，学会清楚地转告好消息

二、借助画面，结合想象，能有序大方地介绍花园的美景

三、在评选"形象大使"的教学情境中，学会认真倾听，不理解的地方能向人请教，有不同的意见能与人商讨

教学实录

一、组织交流，引入情境

师：唉，孩子们，你们怎么这么惊讶地看着我呀？其实不奇怪，因为我也是个童话迷，也很想和你们聊聊童话，好吗？

生：好。（学生个个喜形于色）

师：小时候，我还有一个童话愿望呢！想知道吗？我做梦都想当白雪公主，你们有过这样的愿望吗？

生：我做梦都想当皮皮鲁。

生：我很想当白雪公主。

生：我很想当可爱的小红帽。

师：来吧，今天就让我们梦想成真，请你用最快的速度戴上头饰。（学生戴头饰）我呢，就当花园中的主人——巨人（教师转变为"巨人"的语气）。

二、创设情境、展开交际

（一）互动交际一：转告好消息

1.巨人与小男孩对话

师：哎，现在我还在后悔一件事，我竟然把一群可爱的孩子赶出花园，赶走了孩子也就赶走了春天啊！多亏了那个小男孩多多，使我的花园不再狂风大作——（指读黑板上的词）我真得好好感谢他。多多，你在哪儿呢？

生1：巨人，我在这儿呢！

师（手握多多）：多多，真的是太感谢你了，是你唤回了春天！

生1：不用谢，不用谢。

师：我保证，我以后再也不骂你们，再也不赶走你们，我的花园要永远向你们开放。

生1：那太好了。你终于明白了没有孩子的地方就没有春天了。

师：多多，你能把这个好消息告诉你的伙伴吗？

生1：好的，包在我身上。

2.小男孩转告消息

生1：（打招呼）皮皮鲁——

生2：什么事？

生1：巨人请我们去他的花园玩呢。

生2：我才不去呢，他太凶了。

生1：不会了，巨人已经改过自新了。

生2：真的吗？那我们一起去。

师：皮皮鲁，你愿意来我的花园吗？

生2：我很愿意。

师：瞧，青蛙王子和小姑娘都在那儿呢，上次我把他们都骂哭了，你能帮我去请请他们吗？

生2：当然可以。

生2：青蛙王子，小姑娘！

生3、4：哎，干什么？

生2：听说巨人已经开始自我反省了，特地叫我来请你们去他的花园玩呢。

生3：我可有点怕，要是他又骂我们，又把我们赶出来，怎么办呢？

生2：不会的，巨人已经后悔了，改正了，真的。

生3：那好呀，我们待会就去。

师：孩子们，谢谢你们的原谅。你能把这个好消息告诉这儿的伙伴吗？

生3：好的。伙伴们，伙伴们，巨人的花园已经向我们开放了，我们快去玩吧。

（二）互动交际二：选巨人花园的"形象大使"

1.与巨人见面

师：孩子们，你们愿意再来我的花园，我真高兴。欢迎你们！

2.参观花园，介绍美景

师：你们好久没来我的花园了，我先带你们参观参观，请仔细看看，我的花园是不是依旧那样美？你最喜欢花园里的什么？

师：我看到你们脸上笑眯眯的，我就知道了我的花园还是那么美，谁先来告诉我，你最喜欢花园里的什么呢？

生1：我看到蝴蝶在花丛中飞舞。

师：请问你在和我说话吗？

生1：巨人，你知道吗？你的花园中蝴蝶在花丛中翩翩起舞，飞来飞去，真是一道美丽的风景。

生2：你的花园中最美的是瀑布。

师：请问你也在和我说话吗？

生2：巨人，你的花园的景色可真美，特别是花园中的瀑布，还有那清澈见底的湖水，都可以看见湖水的石头了。

师：对，我的花园就是这么美，你说得可真好，湖水清澈见底。

生3：你的花园真是太美了，看，那许许多多的蒲公英，白茫茫的一片在绿油油的草地上开放，真是太迷人了。

生4：Hello，巨人，我是小红帽。

师：Hello，小红帽。

生4：我非常喜欢你花园中的蜻蜓，他们展开透明的翅膀，掠过湖面，在阳光的照射下金光闪闪，就像空中的小天使。（还有许多学生跃跃欲试）

师：你们的眼睛可真亮，把我花园里美丽的景色都发现了，你们的口才也很好，经你们一说，我的花园更美了。我还有个想法：这么美的景色我想让更多的孩子来分享，所以我想在你们当中选形象大使，可以吗？这大使可不好当呢，他要把我花园的美景多多介绍，而且语言还要吸引人。请各小组先选出一名选手。选手先在小组内试试，组内的孩子你们可要仔细听了，因为参谋的作用可大了。正所谓：三个小皮匠，顶个诸葛亮，况且你们有四五个小皮匠，肯定赛过诸葛亮。诸葛亮们，你们可要给他提提意见，或鼓鼓劲加加油。开始。

（学生分小组练习）

师：准备好了吗？谁先来，哇，这么多，我正要派很多大使去小人国、女儿国、童话城介绍呢。咱们这会儿先把去童话城的形象大使选出来。我们先选两位选手来PK吧。其余参谋请你们仔细听听，谁更合适，为什么？

（教师根据学生的推荐选出两位学生。学生鼓掌）

生：巨人花园中的蒲公英可真美丽，绿油油的草丛间白茫茫的一片，像降落伞似的从天空落下，它一定会让你流连忘返。

师：原来我的花园就是蒲公英吸引人呀。

生：花园中的蝴蝶在翩翩起舞呢，鲜艳的花朵还吸引了许多蜜蜂，真可以说是"穿花蝴蝶深深风，点水蜻蜓款款飞"。看，还有许多仙桃树，春天时，桃花可美了，粉红色的花瓣带来一片清香，夏天你来花园时，还可以看见树上结了一个个桃子，味道好极了。

师：啊，青蛙王子和蓝妹妹把我的花园介绍得可真不错，你们会投谁一票呢，说说你的理由。

生：我觉得青蛙王子介绍得栩栩如生，他可以当形象大使。

师：你投青蛙王子一票，是吗？看把青蛙王子乐的。

生：我觉得青蛙王子和蓝妹妹说得都很好，青蛙王子更清楚，那句诗用得很贴切。所以我投青蛙王子。

师（面向蓝妹妹这一组）：蓝妹妹可是你们这一组的，当别人提意见时，你们可要为她说说话。

生：我投蓝妹妹，虽然她说得很少但是很详细。我希望你们都来支持她。

师：瞧，你还会拉票呢。

生：我也投蓝妹妹，她的声音特别好听，特点也清楚地表达出来了。

师：两位选手真是不分上下，可我在开始时说了要尽量把我的花园介绍得详细点，你们觉得谁介绍得更好呢？

学生支持青蛙王子的较多。

师：蓝妹妹，其实你也介绍得很好，但可能在详细这一点上你还要向青蛙王子学习，好好准备准备，请你再来参加小人国形象大使的评选，我相信你会成功。

师（对青蛙王子）：恭喜你，你成了我花园的第一位大使，可大使有时在介绍时，会遇到各种各样的问题，你能应对吗？

生（青蛙王子）：我肯定行。

师：牛皮可不是吹的，孩子们对我的花园还有哪些感兴趣，对巨人还有哪些不放心的问题，都请问吧。

生（青蛙王子）：白雪公主，你先来。

生（白雪公主）：巨人的花园有哪些美丽的景色呢？

生（青蛙王子）：巨人花园的景色可多了，有花丛、有草丛，还有一大片蒲公英非常美丽。

生（白雪公主）：他还会生气吗？

生（青蛙王子）：不会了，如果他生气我还当他的形象大使干吗？

生（白雪公主）：那你向我保证。

生（青蛙王子）：我保证。

师：我也保证，我再也不向你们发火，再也不赶你们。放心了吗？

生（白雪公主）：我放心了。

生（青蛙王子）：西瓜太郎，你有什么问题呀？

生（西瓜太郎）：青蛙王子，巨人为什么会改过自新？

生（青蛙王子）：因为他知道了没有孩子的地方就没有春天。

生（西瓜太郎）：那是怎样让他知道的？

生（青蛙王子）：是个可爱的小男孩告诉他的。

生（西瓜太郎）：是谁呀？

生（青蛙王子）：多多。

生（青蛙王子）：小矮人，请你来提问。

生（小矮人）：青蛙王子，你说蝴蝶会用"穿花蝴蝶深深风，点水蜻蜓款款飞"，如果是柳树你会用什么诗来说呢？

生（青蛙王子）：碧玉妆成一树高，万条垂下绿丝绦。

生（小矮人）：看来你还挺棒的。

生（青蛙王子）：米老鼠，你有什么要问的？

生（小矮人）：在巨人的花园中有瀑布，我很想在上面洗个澡，可是我会不会被水冲下来呢？

师：别担心，我是巨人，我很高，你下不来，你叫一声，我这一伸手，你不就下来了？

生（小矮人）：哈哈，我肯定去玩。

师：哎呀，青蛙王子，从你身上让我知道了什么是真金不怕火来炼，你太棒了。来，我要把你的介绍拍成宣传片。摄影师我们开始。

3.给形象大使拍宣传片

生：大家好，我是青蛙王子，我向你们介绍美丽的花园。在花园中，美丽的景点可多了，有花丛、有草丛，还有树丛等等。花丛中有一片绿油油的小草，丛中还有一些小花发出淡淡的清香，令人陶醉。再来看树丛，有各种各样的树。秋天时，他们会结出又大又甜的果子，非常可口，让你流连忘返。要是你想玩刺激一点的话，还可以来到花园中看瀑布，真是"飞流直下三千尺，疑是银河落九天"。站在旁边，过不了几分钟，你全身便湿透了。

（全班孩子给该生鼓掌）

三、总结

师：拍了宣传片，在电视上一播，别说是童话城中的孩子，就是大人肯定也被吸引过来了。那时候我的花园一定会永远阳光明媚……（读板书）孩子们，我的花园不仅会让你们大饱眼福，还有许多好玩的地方呢，待会还有一位大朋友将带你们继续花园之行。

第三课时　补白想象写童话

（学习时间：30分钟；魏老师执教）

学习目标

一、通过想象写故事，加深巨人的印象，进一步感知课文主旨

二、初步感受童话的特点，激发读童话、写童话的兴趣

三、边写边交流，体验与同伴交流习作的快乐

教学实录

一、入课：经典童话引路，拨动写话琴弦

师：上节课，同学们和周老师、陈老师一起学习了《巨人的花园》，感受到了读童话、演童话的乐趣。这节课，魏老师要请大家做童话小作家，体验一下写童话的乐趣，好不好？

生（齐）：好！

师：首先，请你们欣赏一个童话片段。（课件出示《拇指姑娘》片段）猜猜这段话写的是谁？（师朗诵片段）

她出生于一朵美丽的郁金香，整个人还没有普通人大拇指的一半长。哎呀！她的脸怎么只有半粒黄豆大！她实在是太小了，胡桃壳就能做她的摇篮，紫罗兰花瓣刚好作床垫，玫瑰花瓣正当被子。睡醒了，她就在一小盘

清水里划小船。足足划了半个小时，她才从盘子的一边划到了另一边。

师：猜出她是谁了吗？（所有学生都举起了手）看来大家都知道了，一起说好了！

生（齐）：拇指姑娘。

师：不错。正是著名童话作家安徒生写的拇指姑娘。那你们是怎么猜出来的？

生：我是从"她整个身子还没有普通人大拇指的一半长"猜出来的。

师：你很细心，留意到了她的个子比普通人小很多这个特点。

生：我是从"她实在是太小了，胡桃壳可以做她的摇篮，紫罗兰花瓣正好做床垫，玫瑰花瓣刚好当被子"这里看出的。还有"她在一小盘清水里划小船"也可以说明这是拇指姑娘。

师：是呀！除了她还有谁能睡在胡桃壳里，在小盘子里划小船呢？

生：她的脸只有半粒黄豆大。只有拇指姑娘的脸会这么小。

师：同学们很会读书，也很会动脑筋。在这段话里，安徒生用了许多巧妙而有趣的办法来表现拇指姑娘很小很小的这个特点。你们留意到了这些地方，所以一猜就准。其实在童话里，像拇指姑娘这样有着鲜明特点的还有很多。比如，我们刚学的《巨人的花园》中就有这么一个独特的童话形象，他就是——

生（齐）：巨人。

二、引导观察想象，趣写巨人形象

师：（课件出示：花园里的巨人）可是这位巨人到底是什么样子的，课文里一个字也没提，但有一点可以肯定：他的个子一定——

生（齐）：很高大。

师：他说话、做事也和普通人——

生（齐）：很不一样。

师：让我们闭上眼睛（课件播放充满幻想的音乐），插上想象的翅膀，去巨人的花园仔细看看这位神奇的巨人吧！

生：（闭目想象）

师：看清楚这位花园里的巨人长得什么样了吗？（许多学生举手想说）别急着说。咱们来帮帮作家的忙，用几句话写写这位巨人的样子。可以学习安徒生写拇指姑娘的那些好办法，也可以自己另想办法。不过，千万要记住，你写的可是一位巨人哟！音乐结束时，我们看谁写的巨人能活生生地出现在大家的眼前。音乐响起了，小作家们开始写吧！（课件播放舒缓的音乐伴随学生写作，前后共6分钟）

生：（写作）（略）

师：（巡视，个别指导）（略）

师：音乐结束了，很多同学也写好了。谁来读自己的童话作品，大家看他写的是不是一位名副其实的巨人。

生：巨人长着长长的头发，大大的头，穿着一件大皮衣，个子很高，手臂和腿都很长。

师：我看你这巨人和普通人差不多呀！到底他有多高大，我们一无所知。其他同学有什么好建议？

生：可以这样写（读自己写的片段）巨人的头很大，上面能站几十个小孩子。他的腰围有1000多寸粗——

师：请停一下。巨人的头上能站几十个小孩子，我们一下子就知道他的头有多大。可是1000多寸粗的腰到底有多粗，我们还是一头雾水，能否换一个我们常见的比较粗的东西来代替？

生：他的腰很粗，要100多个人才能抱住。

师：巨人的腰要100多个人才能抱住，太吓人了吧！你这样写和我刚才看到的一个同学写的有相似之处：巨人有五十层楼那么高。同学们对此怎么看？

生：巨人有三、四层楼那么高就差不多了！五十层楼太高了。

师：对呀，虽然是巨人，但他毕竟是住在花园里的巨人呀！我想这位同学已经明白我的意思，待会改改这个地方。你继续读作品（示意没读完作品的同学继续）。

生：他的腿粗得像学校门前的大柱子，穿着一条用树叶编成的裤子。脚上的鞋子有1000多码。站在他面前，我们简直就是小人国的公民。

师：确实，站在这样的巨人前，我们只能算小人国的公民，你这里想得真妙！再请一位同学读他的童话片段，咱们看他哪里想得妙，写得好！

生：巨人有一双灯笼大的眼睛。鼻孔像两个大山洞。巨人的胡子像一根根结实的粗麻绳——

师：暂停一下，你怎么想到巨人的胡子像粗麻绳？

生：因为我想他是巨人，胡子肯定又粗又长，那不就像奶奶家的粗麻绳吗？

师：你的想象可真丰富！让我们继续欣赏你的作品吧！

生：他宽大的肩膀上面可以站下二十个小男孩。十几个大人才能抱住他的腰。

生：（起劲地鼓掌）

师：你们觉得他哪里想得妙，写得好？

生：他用粗麻绳比喻巨人的胡子，用大灯笼比喻巨人的眼睛，很有趣，又很合情理，不会显得太夸张。

师：除此以外，他还有一个长处——

生：他是从头到脚向我们介绍巨人的样子。

师：这样让我们听得很明白。相信还有很多同学把巨人的样子写得栩栩如生。同学们真不愧是童话小作家，这么短的时间就让花园里的巨人活生生地出现在我们眼前。

三、设定游戏场景，趣写玩耍情景

师：站在这样一位巨人面前，真像刚才那位同学说的那样，我们都成了小人国的公民，甚至是拇指姑娘、拇指男孩。孩子们爬到巨人身上玩耍一定非常有趣。同学们，这些孩子会爬到巨人的脚上、腿上、肚子上、背上、肩上甚至吊在他的胡子上，藏到他的头发里玩些什么游戏呢？（课件出示文字：和巨人玩耍）

生：在头发里捉迷藏。

生：也可以在衣袋、裤袋和耳朵里捉迷藏！

师：真会想象！还有别的玩法吗？

生：吊着胡子荡秋千。

生：在耳朵里玩探险游戏。

师：真有趣！还有吗？

生：在腿上坐滑梯。

生：在巨人的大肚子上跳蹦床。

生：在巨人背上攀岩。

生：在头发里走迷宫。

师：还有那么多同学想说，肯定还有许多其他有趣的玩法。这么多玩法中，你对哪一种最感兴趣呢？你觉得哪种玩法最有趣，就请你仔细写孩子们怎样在巨人身上尽情地玩这种游戏？他们的朋友——巨人又会有什么反应？音乐结束时，看哪位同学把哪种游戏写得最有趣，引得大家也想去玩。（课件播放舒缓的音乐，前后共6分钟）

生：（写作）（略）

师：（巡视，个别辅导）（略）

师：音乐结束了，写好的同学请举手。这么多！刚才老师看到三位同学写的片段很有意思，请他们读给大家听。我们看谁把他喜爱的游戏方式写得最有趣，引得你也想玩。

生：一些小朋友在巨人的肚子上玩蹦蹦床。巨人的大肚子弹性真好，孩子们一蹦差点儿飞到云层里去呢！你也许会担心自己摔到地上。别着急，巨人用他的大手接住你，你怎么会摔下去呢？

师：你这么一写呀！我看很多人都想去跳这"超级大蹦床"了！再听下一位的。

生：孩子们在巨人的鼻子里玩捉迷藏。他们躲在巨人又粗又长的鼻毛里。一个调皮的孩子拉了拉巨人的鼻毛，痒得巨人哈哈大笑。有的孩子一会躲在左边，一会躲在右边。害得小朋友怎么也找不到。

师：在鼻子里捉迷藏，可真新鲜！就是有点儿不卫生，再听下一位同学的作品。

生：孩子们在巨人的胡子上荡秋千。他们分成两队比赛，看谁先从这根"麻绳"荡到那根"麻绳"，哪个队最先荡完，哪队就获胜。有时，巨人看见一个孩子快要掉下去了，就伸出大手去接；有时，他给孩子们轻轻喊加油；有时，他故意摇动胡子，使游戏增添了几分惊险和刺激。

师：真棒！听完三位同学的作品，你被谁的游戏吸引住了！

生：在鼻子里捉迷藏特别吸引我，藏在鼻毛后面，我以前从来没试过！

生：吊着胡子荡秋千，还有巨人加油，也不担心会掉下来，我现在就想去玩。

生：我想去巨人肚子上跳蹦蹦床！

师：看来三位同学写得都挺精彩。为了让更多的同学在这儿展示自己的童话作品，下面我们以四人小组的形式来交流。四人小组先商量一下，怎么把四个人的作品连成一段话。最好商量一下怎样的开头和结尾比较有趣，中间怎样连接比较自然。

生：（四人小组交流作品，讨论合作展示作品的形式。）

师：哪个小组先来展示你们合作的童话。

生：巨人的身上各处都有孩子们玩耍。你看，有几个孩子爬到巨人头上看风景。"真是'一览众山小'哇！"一个孩子说。另一个孩子说："是呀，你看远处的景色真美呀！有山、峡谷，还有大草地。不过，还是巨人的花园最美。"

生：一些爱冒险的男孩钻进巨人像山洞的鼻孔里探险。他们发现一些像枝条一样的长条（其实是鼻毛）。一个孩子说："我们拔几根做拐杖吧！"没想到刚拔了几根，"洪水"急速流了过来。孩子们立刻从山洞里逃出来。仔细一看，才知道刚才拔了几根巨人的鼻毛，害得他流鼻血了。哈哈！这群男孩还以为发"洪水"了！

生：还有几个孩子爬到巨人的大肚子上。他的肚子像一个大弹簧床。孩子们一跳三丈高。多多的主意最多，他想逗巨人笑，就挠了一下巨人的肚子。没想到巨人一点反应也没有。要知道，多多这一挠就像苍蝇碰了一下，巨人根本就没感觉。

生：咦？巨人的腿上怎么这么热闹！原来有两队孩子分别在巨人的两条腿上比赛滑滑梯呢！有人快速从巨人膝盖上滑到鞋背上，有人站在巨人大腿上喊加油，还有的掰着手指头数双方各有多少人顺利滑下来。

师：大家的掌声说明，这个小组合作的童话真精彩！再请一个组。

生："快来，快来！"几个女孩在巨人头上兴奋地喊着。原来她们在巨人的头上捉迷藏。有几个躲在巨人浓密的头发里，一不小心，一个孩子掉下来。眼看惨剧就要发生了，巨人不慌不忙伸手接住，那个孩子立刻哈哈大笑；有几个孩子躲在巨人耳朵里。巨人觉得痒，就把小指头伸进耳朵挠痒痒，吓得孩子们拼命往外逃；还有的人躲进巨人的衣袖里，让其他人怎么也找不着。

生：再看巨人手臂上的几个男孩子，他们正在进行跑步比赛。在巨人的手臂上跑步，就像在学校的塑胶跑道上一样轻松自在，一点儿也不担心摔跤。谁先从肩膀跑到巨人手心，谁就是胜利者！跑累了，他们就躺在巨人宽大的手掌上休息。

生：休息好了，他们又把巨人的手掌当作升降舞台，在上面唱歌、跳舞、演杂技。有一个男孩还在巨人手指上翻起跟头，别提有多惊险了！

生：不过还有比这更时尚的玩法，就是在巨人背上攀岩。你看，几个孩子正拽着巨人的衣服，从下往上艰难地攀爬。他们觉得"山崖"太陡了，就请巨人弓着身子，这样他们就毫不费力爬到了巨人的肩头。听，他们正站在巨人肩头兴奋地喊："我们胜利了！"

师：这组同学合作的童话作品给我们印象也很深。真是应了那句话：孩子是天生的童话作家。

四、教师"下水"示范，延伸童话天地

看到这么多小作家自信地展示自己的童话作品，魏老师心里也痒痒的。想不想看看老师写的童话片段？

生：（欣喜地喊）想！

师：那好！就请各位小作家多指教啰！（课件出示教师童话范文，配上教师朗诵）

不一会儿，巨人的身体就成了一个特别的游乐场。一个活泼可爱的小男孩站在巨人宽宽的大腿上跳起了欢快的踢踏舞，乐得巨人眉开眼笑，伸出食指为男孩打起了节拍。几个坐滑梯的孩子玩累了，索性趴在巨人的腿上，缠着他讲旅行时的见闻。突然，巨人感觉肚子上像被虫子叮了一下。低头一看，才发现一些孩子吊着他藤条似的胡子荡起了秋千。一个小女孩荡得太猛，一不小心就摔到他的大肚子上。她一点也没摔疼，一骨碌爬起来，又"嘭嘭嘭"在巨人的大肚子上跳起了蹦床。其他孩子也没闲着，有的在巨人的手指上翻跟头，有的在他耳朵里探险，还有的刚从他的头发迷宫里走出来……

巨人头上那顶草帽大得像箩筐，可他还嫌太小，刚摘下来透透气，就有一群鸟飞到他头上来做窝。不知怎么，一片鸟毛飘进了巨人的大鼻子里，痒得他张开大嘴巴，打了一个地动山摇的喷嚏，吓得在他头上做窝的鸟儿四散飞走。随着这一声喷嚏，巨人灯泡大的眼睛里滚出两滴眼泪，掉在地上立刻出现两个小水坑。嘴里喷出的气流居然形成一股强劲的风，刮得几棵小树东摇西晃。站在巨人脚下的孩子见势不妙，立刻闭上眼睛趴在地上，才没有被这股风刮倒。

生：（热烈鼓掌）

师：谢谢同学们的热情鼓励。如果你觉得同学、老师的童话片段对你有启发，请课后好好修改自己的作品，这样我们全班师生的作品合在一起，就可以编成一本《巨人的花园》童话集。

师：咱们班和三位老师一起学同一篇课文，这还是第一次。我们三位老师和大家这样上课也是头一回。不过这并不重要，重要的是大家从中感受到了读童话、演童话，写童话的乐趣。最后我想说：孩子们，永远与童话做伴，这样你永远不会孤独，永远像现在一样生气勃勃，纯真可爱！

评析：

三位老师的课，让我们共同尝试、体验了一次全新的学习形式和过程。

三位老师能从全面发展学生语文素养的基本点出发，在整体把握教学内容的基础上，根据学生学习童话的特点，分别设计了"读童话""演童话""写童话"三个相对独立又彼此整合的教学版块，以长短课的形式（40分钟，20分钟，30分钟）分步实施教学。这种教学形式，立足于教材，又创造性地运用教材资源，把《巨人的花园》看作是师生对话的"话题"和案例，为学生学习童话、学习语言，提供了多样的条件，开辟了多种途径，使学生对学习内容和形式始终有着期待，极大地激发了学生学习语言的热情。

　　三位老师的教学设计和过程，体现着很强的目标意识。根据周老师"读童话"的目标设计，我们发现，"紧扣'没有孩子就没有春天'这一主线，抓住花园情景及人物态度的变化，通过朗读感悟童话表达上的特点，感受童话的魅力"；陈老师的"说童话"的教学目标，即认真倾听，并能就不明白的地方向人请教，与人商讨；培养学生敢于交际，乐于交际的情趣等。这既考虑了符合课程要求的语文学习导向和要求，又能充分考虑到实施过程中的操作性，对于知识和能力、过程和方法、情感态度和价值观三个维度都有较好的把握。教学目标是教学活动的出发点。这些目标的设定，为学生愉快地、认真地读童话、说童话、写童话，以及感受童话的魅力，奠定了行动的路径。

　　《巨人的花园》的学习，让学生感受到阅读的快乐，并且阅读带给了学生以下三点大收获。

　　（1）知道自己在读什么。周老师在上课伊始，用生动的语言向学生介绍了将要学习的内容——《巨人的花园》，是英国作家王尔德的所写的童话中，语言最优美，最有诗意的一篇。这样的教学导语，营造了童话学习的氛围，体现了一种追求：将引导学生从美好的文字中感受到美好的情感。这不仅使孩子们对王尔德，对"巨人的花园"产生了亲近感，而且还知道自己将要阅读一篇经典的童话。让学生明白自己"要做什么"是十分重要的，这将使他们在学习中充满期待，使学习变得更主动。

　　（2）要边读边积累。语文教学应当是针对课文的语言，课文比较长，孩子们一不留神就会在众多的言语信息中被淹没。三位老师十分用心地引导学生发现、体验教材中语言文字的美，并且及时整理、欣赏、运用，使认知型阅读和实践型阅读有机结合。周老师在"读童话"的过程中，引导学生讨论"巨人的花园中，哪句话让你感受最深"这个问题时，把学生说到的词语：绽开绿芽、开出花朵、阳光明媚、狂风大作、雪花飞舞、瑟瑟发抖、鲜花凋谢、树叶飘落、冰雪覆盖，对这些进行整理，和学生一起写到黑板上，展现了"没有孩子便没有春天"的学习主线：

绽开绿芽	狂风大作		
巨人的花园	开出花朵	雪花飞舞	树叶飘落
阳光明媚	瑟瑟发抖	冰雪覆盖	鲜花凋谢

　　学生在描述、书写、朗读这些词语和有关的句子的过程中，进一步理解了"孩子，就是快乐的春天"这个故事的主题，并获得了丰富的语言内容。陈老师在指导学生"说童话"的过程中，除了鼓励学生表现自己，还时时提醒学生用上这些课文里出现的词语。而学生在"写童话"的过程中，也会选择运用相关的词语。这种相对独立又互相联系的教学过程，使学生在不同的语境中愉快地学习、

积累及运用词语，真可谓"一石三鸟"！

（3）要边读边想象。在课堂上，我们欣喜地看到，在老师的引导下，学生运用丰富的想象，为《巨人的花园》增添了新的角色和景色：如青蛙王子、美丽的花蝴蝶、快乐的小蜻蜓、善良的小姑娘；瀑布、花丛、树丛……这使故事更加有趣；在这基础上，又根据童话的特点，巧妙地设计了"相互转告好消息""挑选巨人花园的'形象大使'"的话题，使学生想象、拓展故事情节有了明确的学习指向，使学生知道如何去想象。在竞选"形象大使"的过程中，学生们对"巨人的花园"的介绍让人耳目一新：在那里，蝴蝶翩翩起舞，湖水清澈见底，还有飞流直下三千尺的壮观的瀑布，巨人穿着用树叶围成的裤子……这些想象新颖奇特，表现了学生童话阅读的经验、语文学习的经验和生活的经验，是孩子们纯真可爱的写照，是他们对美丽的童话世界的憧憬和向往。因为想象，学生动起来了，课堂活起来了；因为创编童话，学生懂得了如何灵活运用语言知识，智慧也就随之生成。

第四章　小学语文教材中的寓言教学

寓言这两个字，总与伊索，与拉·封丹，与韩非、庄子、孟子、列子，与所有遥远而亲切的古代智者紧紧联系在一起。

寓言，看起来是那么短小，那么沉静，如森林里的一片树叶，似草尖上的一颗露珠。然而，这些精致而隽永的小故事，却又蕴涵着那么深刻的人生智慧。很多时候，寓言的文字魔力，的确超乎我们的想象。

如果说所有的故事文本都是收藏生活万象与人生百态的"口袋"，那么，寓言就是魔术师手里的那只"神奇的魔袋"。

"寓"者，寄托也。遥想那模糊的先民岁月，寓言因讽喻而存在，因规劝而存在，因教化而存在。无论是对于居庙堂之上的国君，还是处江湖之远的平民，讽喻、规劝、教化，既是寓言言说的目标所系，更是一种饱含智慧的言语方式与思维方式，一种足以抵达心灵深处、足以让人回味无穷的方式。

轻轻解开寓言这个魔袋，我们看到的是荒诞，是幽默，是嘲弄和叹息，是顿悟与羞愧，是宇宙的澄明与人性的黑洞，是那种欲说还休的人生隐秘，如青烟袅袅。

寓言，似乎更多地属于那些童稚的岁月，更多地诉诸小学语文教科书里选择的那些寓言故事，我们可曾寄予过特别的热情，是否有过别样的凝思？寓言作为一种独特的文本，一种主要来自远古的文学样式，它有着哪些无可替代的文本个性？当下之小学寓言教学，是否遇到某种共有的困惑，是否存有某些教学通病？我们该探索出怎样的教学策略与教学方法，才能让寓言成为孩子的人生读本，才能开创出寓言教学的新路？

小学语文课本中的寓言故事篇幅短小，往往只有几百个字。但是几乎每一则寓言，都有一个生动有趣、情节富于变化的故事，同时语言精练简洁，易于朗读。这样的故事深受小学生的喜爱，从而激发了他们阅读的兴趣。寓言故事往往通过一个个生动有趣的小故事形象地反映人们精神生活的方方面面，蕴涵着深刻的哲理，就像慈爱智慧的长者，总是语重心长地告诉人们一些生活道理和人生哲理。小学语文教材的不同版本中都包含了大量的寓言，例如，苏教版小学语文教材中就有如《狼和小羊》《会摇尾巴的狼》《守株待兔》《狐狸和乌鸦》《揠苗助长》《刻舟求剑》《掩耳盗铃》《南郭先生》《农夫和蛇》《狐假虎威》等寓言故事。这些寓言故事中蕴涵着深刻的生活道理和人生哲理，需要引导小学生去推敲和感悟言外之意。

第一节　寓言的艺术特征及其"四要素"

寓言是寄托着深刻含义的简短故事。它通过一个生动有趣的小故事，告诉人们一个深刻的道理或教训，所以带有明显的劝谕或讽刺意义。

"寓言"这一名称，在我国最早见于《庄子》。庄周的解释："寓，寄也。以人不信己，故托之他人，十言而九见信。"所以他在《逍遥游》中用"斥鷃笑鹏"的故事表达他的"皆有所待"的思想。俄国寓言家陀罗雪维支称寓言为"穿着外套的真理"。法国寓言家拉·封丹也说："一个寓言可分为身体与灵魂两部分：所述的故事好比是身体，所给予人的教训好比是灵魂。"所以，我们在每一个寓言故事中都可以找到一种思想、一个灵魂，这就是人类在自然和社会斗争中逐渐积累的知识与经验的智慧结晶。从寓言家所述及他们的创作实践中不难看到，寓言的产生及运用就是为了讽喻、劝诫，即把作者从生活实践中获得的启迪、领悟出的事理或哲理加以艺术化，从而达到印证其合理性、增强其说服力的目的。这是一种"把思想穿上衣裳，赋以血肉，而使之形象化"的创作，也就是将理性认识感性化，抽象概念形象化。

作为一种特殊的文学样式，寓言有其鲜明的艺术特征，即寓意明确突出，比喻形象生动，故事简洁短小。

一、寓意鲜明突出

寓言的作者讲述一个假托或虚构的故事，其目的就是要阐明一个深刻的道理或教训，让读者从故事中受到启发或教育，所以寓言的寓意是明显的、突出的。有的寓言侧重深刻的哲理，具有训诫性。如《守株待兔》（《韩非子》）告诫人们决不能把偶然出现的事情当成必然性；《南辕北辙》（《战国策》）启示人们做事必须要有正确的方向；《农夫和蛇》（《伊索寓言》）告诫人们不能怜惜恶人等。更多的寓言侧重暴露社会的缺陷，揭示生活中的丑恶，或嘲笑人们某些愚蠢行为和思想性格上的弱点，具有强烈的讽刺性。如《自相矛盾》（《韩非子》）讽刺了任意夸大事实绝对化、缺少辩证法的人；《画蛇添足》（《战国策》）讽刺了自作聪明、弄巧成拙的人；《杯弓蛇影》（《晋书》）讽刺了疑神疑鬼、顾虑重重、在虚幻现象面前妄自惊慌的人；《鸡生金蛋》（拉·封丹）讽刺了贪心人的愚蠢；《鹅》（克雷洛夫）讽刺了自以为是、回避现实的人。也有一些寓言是颂扬性的，它们讴歌真、善、美，表彰美好的品质和精神，如《纪昌学箭》（《列子》）在赞扬纪昌勤学苦练的同时，告诉人们要学好一样本领，必须循序渐进，从打好扎实的基本功做起的道理。

寓言的寓意是肯定的、明确的，寓言最突出的特点就在于寓言作者都是直言不讳地表现自己对生活的真知灼见和审美评价。寓言比其他任何体裁的文学作品都更明确地表现出作者的观点看法。

二、比喻形象生动

寓言实际上是一种比喻的艺术，象征的艺术。黑格尔在《美学》中把它归为"比喻的艺术形式：自觉的象征"。因为寓言是借助设譬立喻的艺术手法来表达寓意的，是一种譬喻故事。

比喻是表情达意的重要手段，也是人们说明事物时经常使用的一种形象的方法。它以人们熟悉的、具体的、浅显的事物来说明较为陌生的、抽象的、深奥的事理。这是人类抽象的理性思维与具体的形象思维结合的产物。寓言的创作，就是作者选用某种现实生活的具体形象，通过联想，连类比附，并运用夸张、象征、拟人等手法，表达理性的思考，即所谓"立象以尽意"。如《揠苗助长》就是用迫不及待地拔高禾苗以促其生长来比喻那些主观急躁的人，说明违反客观事物的发展规律，只能得到失败的结局。《鸡生金蛋》用妄想一次就发大财的杀鸡取蛋来比喻贪心愚蠢的人，说明"心贪全想得到，结果全都失掉"的道理。

寓言采用比喻的手法，才能更好地实现它的社会功能。在"不敢斥言"的年代，人们只能用巧妙的譬喻委婉曲折地表达自己的思想观点。古罗马寓言作家费德鲁斯曾明确指出："受压迫的奴隶想要说出，但又不敢说出自己的感情，就通过寓言来表达，借虚构的笑话避免责难。"在统治阶级采取高压政策的形势下，寓言作者把思想观点藏匿于假托的故事之中，易于隐蔽。如克雷洛夫的名篇《狼和小羊》，借用狼和小羊之间的纠葛，揭示"弱者在强者面前总是有罪"的社会，借比喻揭露沙皇统治阶级的蛮横无理。作为规劝、教育、阐明事理的手段，在寓言中，作者放下智者的架子、说教者的身份，通过形象有趣的故事，让人们自觉地对照发现自己身上的弱点和缺陷，欣然接受作者的教训。

寓言的作者在创作中总是把整个寓言所包含的事件（故事）当作一个比喻来突显寓意。所以应注意到由于拟人化，一些动物故事在长期流传过程中所形成的典型形象的一般特性，如兔子的胆怯、狼的贪婪、狐狸的狡猾等，这些特性被用来讽喻人类的行为。也有的作者，创作习惯使他们笔下的形象具有特定的意义，例如拉·封丹经常用狮子比喻国王，用熊或老虎比喻贵族，用狐狸比喻朝廷里的官员，用猫比喻教士，用猴子比喻法官，用狼比喻坏蛋、流氓、恶棍，用兔子比喻老实人等。然而，同一种动物有时在同一位作家笔下也被赋予不同的思想品质，以不同的甚至是完全相反的面貌出现在不同的寓言里。以《伊索寓言》为例，《乌鸦和狐狸》中的狐狸是一个狡诈、贪婪的谄媚者的形象，而《狐狸和豹》中的狐狸则是心灵美的体现者；《农夫和蛇》里的蛇被用来比喻本性不变的恶人，而《黄蜂和蛇》里的蛇却象征宁死也不容忍压迫的受害者；《狼和小羊》中的狼专横残暴，而《狼和狗》中的狼则表达了对自由的渴望和向往。所以欣赏寓言，必须具体问题具体分析，也必须把寓言所述的故事整体作为一个比喻来理解寓意。

三、故事简洁短小

寓言的故事一般都写得简洁短小。作者往往是从生活与自然之中截取一个最精彩的片段，并加以概括、提炼。因此寓言篇幅都较短小，有的只用三言两语即把要阐明的道理或讽刺对象的本质揭示出来。寓言是叙事性文学中最简短的一种。如《伊索寓言》中的《母狮子与狐狸》仅一句话："母狮子为狐狸所非难，说她只生产一匹，她答道：'可我是狮子呀！'"就阐明了"价值不能只以数目计算，须看那德行"的深刻寓意。在《伊索寓言》中，如此简短的寓言有很多。

寓言的简短在于它的故事单一，且紧紧围绕寓意进行。第一，故事中虽有人或拟人化的形象，但都概括简单，只抓住其性格特征中最本质的一点，粗线条勾勒，不做细致的刻画。第二，故事中有情节，但不展开、不枝蔓、不周到地描述，更不会刻意安排悬念和细节，也忌讳冗长的叙述和烦琐的议论。第三，叙述语言都是简洁朴素的。别林斯基称寓言是"理智的诗"。经过锤炼的寓言，其语言如诗一样精粹、凝重。

寓言故事简短的根本原因在于，作者希望读者尽快地把寓言中的故事联系到它所提出的那个教训或讽刺意义本身上去。所以必须使寓言的结构尽可能紧凑，不能有太多的枝节，以免分散读者的注意力，削弱了教训或讽喻的力量。新时期的寓言，因需要照顾到儿童的心理特点，所以要注意故事叙述的生动有趣和人物形象塑造的鲜明丰满，但仍要保持寓言简洁短小的特点。

四、寓言四要素

寓言的艺术特征，除了上述三点之外，还要掌握寓言四要素。

（一）故事性

故事是寓言的载体。作为文学体裁的一种，寓言一定要有故事作为它的载体。这个故事或故事系列，是寓言作家根据自己的经历、感受、生活积累创作的或是根据动物故事、植物故事、神话故事、民间故事、历史故事等加工提炼的。传统的寓言故事虽然都比较简短，但根据需要也有较长篇幅的。故事的形式可以是散文体的，也可以是诗体、小说体、戏剧体、童话体的。寓言故事的人物和主人公有不同于其他文学体裁的特点，那就是：寓言故事的人物和主人公可以是人，也可以是动物、植物、微生物、无生物、山野河海、日月星辰，甚至可以是抽象的概念、生物或无生物整体的某一部分。在这一点上，寓言与童话有相似之处。但寓言的人物和主人公比童话更广泛。童话一般是不把抽象概念当作人物或主人公的，寓言却没有任何限制。

（二）虚构性

寓言的故事必须是虚构的，虚构性是寓言必须具备的要素之一。寓言故事同历史故事的区别，主要就是它的虚构性。寓言可以取材于历史故事，但必须带有明显的虚构成分，才能算是寓言。有的历史故事虽然也有讽劝作用，但那是历史事件本身所给予人们的经验教训，不能算作寓言。

寓言的虚构性与小说、戏剧等其他文学体裁的虚构性有什么不同呢？

（1）人物和主人公的不同。寓言人物和主人公多是动物、植物、无生物、鬼神甚至是概念的拟人化，用人做寓言人物和主人公，又多是作者所虚拟的；用历史上或现在还活着的人做寓言人物和主人公，作者也只是借重其名，因为他们的特点和性格，如诸葛亮、李逵已经是尽人皆知的，借重其名可以起到典型或类型的作用，他们在寓言中的言语和行动，则是作者根据其特点和性格以及表达寓意的需要所虚构的。

（2）故事结构和情节的不同。寓言的结构和情节多采取荒诞的手法，表现出惊人的夸张性。先秦寓言，特别是庄子、列子的寓言，其最精彩的也往往是最荒诞、最夸张的。如庄子的寓言《任公子钓鱼》，鱼饵用了五十头阉牛，有一条大鱼吞食了钓饵，牵引着鱼钩沉入海底奔窜，扬起鱼鳍，搅得白浪如山，海水震荡，声音像鬼神似的，威震千里。任公子钓到了这条鱼，把它剖开晒成鱼干，自钱塘江以东，苍梧山以北，没有不饱食这条鱼的。这种写法，就是《庄子·天下篇》中所说的"谬悠之说，荒唐之言，无端崖之辞"的写法。恰恰是这种荒诞，这种夸张，能最深刻地表达作者的寓意，起到震撼人心的效果。

（三）寄托性

寓言是寄寓之意，是言在此而意在彼。寓言是另有寄托的故事。这都说的是寓言的寄托性。如果一篇寓言只是叙事，没有寄托，就不能称其为寓言了。

我们常说寓言言在此而意在彼。"此"指的是故事，"彼"指的是寓意。故事是形象化的，寓意是抽象化的。怎样由"此"过渡到"彼"，由形象化过渡到抽象化呢？这就有赖于寄托的手法了。可以说，寄托的手法是沟通故事和寓意的桥梁。如果不采取寄托的手法，把寓意直接说出来，也就不成为寓言了。

寓言的寄托手法，有比喻、象征、影射等。最常用的是比喻，比喻又有明喻、暗喻和借喻几种类型。无论采取哪种比喻，都应该首先找到比喻者和被比喻者之间的共同点或类似点，如果二者之间毫无共同点或类似点，是不能形成比喻的，也是不能完成寄托寓意的任务的。

（四）哲理性

寓言包含故事和寓意两个部分，寓言是文学和哲学结合的文体。寓言的寓意是多种多样的，这多种多样的寓意可以用哲理性来概括。这是因为：凡寓言都有寓意，凡寓意都讲道理，凡道理都含哲理，只是有的深些，有的浅些，有的正确，有的不太正确甚至错误罢了。再者，寓言应力求深刻。寓言的深刻性，决定于寓意的深刻性；寓意的深刻性，归根结底，又决定于其所含哲理的深刻性。俄国寓言作家陀罗雪维支说："寓言是穿着外衣的真理。"规劝和引导是从正面揭示真理，讽刺和揭露是从反面映衬真理，而真理总是理性的，含有深刻的哲理的。

第二节　寓言教学传统模式反思和新型模式探索

根据调查发现，好多小学教师寓言教学方法不当，没能充分发挥教材应有的作用。虽说寓言故事短小、生动、有趣，是孩子们喜爱的文学体裁，但是许多教师在进行寓言教学时曾一度陷入"讲故事、背寓意"的不良模式。

一、忽视寓言的工具作用

一些老师认为寓言的价值在于它的寓意，在教学的时候就不怎么重视引导学生利用文本进行语言的积累，以及语感的训练和听、说、读、写方面实际运用能力的培养，忽视了寓言的语文工具性这一特点。传统的寓言教学中偏重于道德教育，局限于理解单纯的寓意，是不利于提高学生的语文能力的。寓言的寓意是包含在它的生动鲜明的艺术形象里的，只有当学生具体而完整地感受了形象，才能真正领会它的寓意。所以寓言的教学，应当以文本为依托，加强语言文字的训练和感悟，利用寓言人物鲜明且适合朗读的特点让学生尽情地读和演，运用各种方法加深学生对形象的感受，给学生安上一对想象的翅膀，从故事走向生活，从动物、植物走向人类，启迪孩子们的智慧，放飞他们的思维，使他们飞翔在文学的天空，遨游在无限的空间。

二、忽视寓言的背景介绍

可以说，几乎每一篇寓言，都是一个生动有趣的故事，各自独立成章，像充满智慧的老人，总在语重心长地告诉人们一些生活的道理和人生的哲理，使人们在故事中不知不觉地接受教育。所以很多老师在教学寓言时，都认为只要学生能够理解寓意和感悟哲理，自己的教学目的也就达到了，于是往往就文论文，不涉及该寓言的背景资料。有的老师则认为学生太小，还不具备掌握这种知识的能力。也有老师认为，语文教学课时紧、任务重，尤其是现在的新课程，书本上的课文都讲不完，哪能再去顾及这些书本之外的东西呢？因此，至今很多老师仍旧是按照"读课文→讲故事→析寓意"这三道程序在按部就班地教学。古人云：

"不积跬步，无以至千里；不积小流，无以成江海。"仅仅局限于课本，学生的语言积累显然是不够的，要让他们有一个丰富的语言宝库，就要引导学生在课外阅读中自主积累。同时，我们也知道学生的能力是可以培养的。在不增加学生负担的前提下，进行背景介绍，让学生能接受到一些信息。教学中，教师只要深入钻研教材，科学安排教学环节，适时、恰当地介绍寓言的相关背景，才可以引导学生进一步走出课堂，走出课本，有机地把课文和学生的生活结合起来，使其更好地为语文教学服务，而不至于像钱钟书先生所告诫的那样"把纯朴的孩子教得愈简单、愈幼稚了"。

三、忽视寓言的美学特性

寓言无论是神话故事、拟人化动物故事，还是夸张、变形的生活故事，都渗透着幻想精神和万物皆有灵的观念。根据小学生实际情况，小学阶段寓言一般比较浅显。寓言教学却还有一些不尽如人意的情况。如对寓言与童话、神话、历史、成语故事之间的区别不能完全分清；寓言教学多以分析代替理解为主要教学手段；教学内容局限于课本；教学趋于成人化，注重的是寓意的揭示等。例如在《龟兔赛跑》中，成人按常规理解，认为应该学习乌龟，做事要持之以恒。而孩子往往是把寓言故事中的动物当作人物来看待，在他们眼中无论是一草一木，还是飞禽走兽都有人的灵性。孩子有自己的思维和不同于成人的视角，因此有的学生认为，兔子是有优点的，跑得还是很快的，只不过它没想到自己中途会睡觉，它下次记住教训，就不会输；乌龟的精神也是值得学习的……寓意不是通过教化来实现的，而是通过审美来实现的。只有用文本的语言感染学生，让寓言中描述的形象在孩子心中鲜活起来，孩子在学习活动中内化体验到的远比获得标签式的寓意更重要。

针对以上情况，小学寓言教学要对传统教学方式进行反思，并加以改进，探索出有利于当前素质教育要求的新型教学模式。

四、把握寓言教学的基本原则

在儿童文学教育教学改革实验中，我们感到，寓言作为小学整个语文阅读教学体系中的一部分，和其他诸如童话、儿歌、儿童诗等儿童文学文体教学一样，存在着共性，但也有其个性，也就是说存在着独特的教学原则。

（一）哲理性

哲理性是指作品的艺术形象和故事情节中蕴涵的哲理。我们要帮助学生去认识故事本身，揭示寓意本质。

（二）相关性

相关性是指立足于寓言故事本身，抓住寓言中的人物和事物的特征组织教学，同时还要注意寓言跟童话、成语以及历史故事间的内容联系；又要注意寓言教学与其他文体的教学以及作文教学间的关系，使寓言教学既保持独立性又注重与其他教学的联系性。

（三）拓展性

拓展性是指立足于教材，对语文教材中的现有课文进行分层、分类、分析。另外，还应做出相应的阅读扩展。如《中外寓言名著故事精品》《中国古代寓言》《中国现代寓言名篇选析》《伊索寓言》等都是开展寓言教学实践活动的补充教材。

五、挖掘小学寓言的教育功能

（一）陶冶道德情操

寓言是通过具体的人物或人格化的动植物、无生物，以他们的艺术形象来寄托某一道理。以此引发学生的思维、想象，陶冶学生的道德情操，培养学生的审美观和道德观。学生在领会寓意的过程中得到了明是非、知善恶、识美丑的教育。

（二）启迪思维火花

对所有的寓言故事里所蕴含的哲理，需要引导学生展开想象，进行思考、归纳，揭示寓意。学生在学习寓言的过程中所得到思维能力的培养就是学生思维训练的途径之一。如《买椟还珠》的教学，可以让学生在理解故事概况的基础上，由教师的启发引导而展开讨论、思考和归纳，最终揭示其基本寓意。而更重要的是由此引发的联想，通过对社会现象的剖析，对学习现象的分析，归结到不能只看表面现象，而应注重实质的哲理。

（三）榜样力量激励

寓言故事以其生动具体的艺术形象，在学生的心目中树起了许多古今中外的英雄人物的形象、传统美德的形象、道德规范的形象，这些形象或神勇无敌，或机智聪颖。《小鹿遇虎》《鹏程万里》《未雨绸缪》《塞翁失马》《凿壁借光》《毛遂自荐》……这些故事中的形象无疑都激励着学生学做有智慧的人，过有智慧的生活。

六、探索揭示寓意的基本方法

寓言教学以学生读懂故事为表，理解寓意为里，联系实际为真。因此，引导学生正确揭示寓意是寓言教学的核心。揭示寓意的过程，就是把寓言中的形象转移到现实生活中去的过程，就是把故事中描写的动植物转移到社会，或把此人此事转移到彼人彼事中去的过程。

（一）在分析人物语言中揭示寓意

《牛角尖里的老鼠》这篇寓言故事中有牛角与老鼠的对话，教学时通过让学生分析老鼠的语言及牛角的忠告，便可以得出做任何事情如果自以为是，不听劝告，坚持错误，那么必然会失败的道理。

（二）在分析故事情节中揭示寓意

《小鹿遇虎》这篇寓言则是通过曲折动人的情节，让我们对老虎与小鹿这两种动物身体的特点以及它们因此而所遭受的险遇有所认识，让学生明白实用的东西不一定漂亮、美丽的东西不一定实用的深刻含义。

（三）在分析关键性的句子中揭示寓意

《叶公好龙》这篇文章通过对叶公的衣服、帽子、墙柱等地方都有龙的描写，及其在真龙来后的神态、动作的描写，得出叶公不是真的好龙的结论，由此可见做人处事要表里一致，不能虚伪的道理。

（四）在分析事物特点或发展规律中揭示寓意

在教学《揠苗助长》这个寓言故事时，通过对禾苗的生长规律的揭示，以及对这位农夫违反植物生长的自然规律的驳斥，让学生懂得事物发展都有客观规律，违反事物的发展规律，急于求成，反而会把事情弄糟。

（五）在分析偶然性与必然性的辩证关系中揭示寓意

在教学《守株待兔》这个寓言故事时，要让学生懂得野兔撞树这一现象的偶然性，如果没有认清这只是一种偶然现象，而是把它看成一种期望值很高的必然现象，那么只会自食其果。

第三节　小学寓言教学中思维素质的培养

小学语文课本中选入了一些优秀的古今中外寓言。在寓言里，生动的情节构成故事，抽象的概括凝成寓意。一般来说，我们都比较重视引导学生感知故事内容，理解故事的寓意。但是，由于寓言这种体裁更具哲理性、讽喻性的特点，为我们培养学生的理性思维能力提供了最好的契机。因此在教学中，有两个问题需要我们注意：一是寓言中生动的情节、形象的描绘，不应再是小学高年级教学的难点、重点，抽象概括的能力才是教学的重点、难点；二是我们在教寓言时，总是沿着既定的思维方向，想以最快的速度来达到明白寓意的目的，学生思维稍一偏离，马上制止。这样做的结果，往往会扼杀学生创造性思维的发展。我们知道，学生的思维只有在个性的充分发挥，以及多角度的对比中才能得到充分的发展。如果课堂上教师只是一味地让学生在自己安排好的直线思维中往前滑，显然是不利于学生思维的培养，特别是发散性思维、逆向思维等能力的培养。下面，我们从两个方面，结合寓言教学的实际来讨论这个问题。

一、利用"明理"特点，突出理性思维

小学高年级的寓言教学，应不充分利用它"明理"的特点，把理性的思维放在首要的位置上。

下面我们来比较两位教师教授《滥竽充数》时的课堂实录。

A师：刚才我们读了课文，学了生字，现在我们看第一段，它交代的主要内容是什么？

生：交代了时间、人物和事情的起因。

师：对，齐宣王有个什么特点？

生：他喜欢听吹竽，又喜欢讲排场。

师：正因为这样，南郭先生才能混进来。大家现在默读第二段，看它写了什么内容。

生：这段讲南郭先生乘机混进吹竽队。

师：谁能描绘一下南郭先生吹竽的样子？

生：他使劲鼓着腮帮子，手按着竽的眼（演示动作）。

师：为什么"没有出过毛病"？

生：因为有三百多人吹竽。

师：谁来说说最后两段说的什么。

生：说的是齐宣王儿子接位后，喜欢听一个一个地吹，南郭先生只好逃了。

师：这说明没有本事是没法长久混下去的。现在我们请一个同学讲一遍这个故事。（略）

师：好，现在我来总结这篇寓言的寓意。（略）

B师：刚才我们学了字，读了课文，下面我们对照课文来讨论这么几个问题：

（1）这篇寓言写了哪些人物，用自己的话说一说这几个人。

（2）齐缗王是不是比齐宣王聪明一些？

（3）南郭先生是不是聪明人，为什么？

（4）南郭先生逃走后他会怎么办，我们能从他身上得到什么启示？

（5）类似滥竽充数的事，能不能说一两件？

（6）这篇课文的寓意是什么？（学生讨论后，老师请同学回答上述问题）

生：这篇课文写了三个人，齐宣王讲排场，很会享受，光吹竽的就有三百人；齐缗王也爱讲排场，讲享受，它并没减少吹竽的人数，只是形式不同，要一个一个地吹；南郭先生是个没有本事只会混的人。

生：齐缗王并不比齐宣王聪明，他不知道南郭先生在混而让他溜了

师：所以，即使在不知底细的人面前也不能混。

生：我认为南郭先生还算是个聪明人，他能抓住机会，能混的时候，

装得很像，没出过毛病，齐宣王给了他很高的待遇；不能混的时候就赶紧逃走。

　　师：那么，齐宣王和南郭先生之间的关系是什么？

　　生：南郭先生得靠齐宣王这样的人才能成功。

　　师：所以有齐宣王才可能有南郭先生。

　　生：我认为南郭先生是个不聪明的人，混到头来一点本事也没有。

　　师：他是个有小聪明的人，小聪明只能混一时，到不能混时就惨了。

　　生：南郭先生逃走后，可能会接受教训，沉下心来学一门本事，也可能又找别的事混，我想他应该学门本事，因为他并不傻。

　　生：从他身上我认识到，不学本领早晚害了自己，另外要有自知之明，知错就改。

　　比较两个案例，我们觉得，就小学高年级而言，B师尽管还有可商榷之处，但更有利于学生思维素质的培养。A师或许人们更觉得像语文课，但是这种教法，把学生的思维限制太死。另外，有的教师刚让学生接触课文，就提出下面的问题："南郭先生滥竽充数终于败露，告诉了我们什么道理？"虽然问题点在关键处，但直奔"主题"，没给学生留有更大思维活动空间，

二、减少判断推理，扩展思维天地

　　在寓言教学中，有的教师生怕学生难"明理"，很少给学生自己判断推理的机会；更怕学生想远了收不回来，完不成教学任务，学生思维刚一出格，就立即制止，结果学生的思考唯老师所想是瞻，养成直线的、单一的思维模式。有次听一位教师上《南辕北辙》这则寓言时，有个学生说，地球本是圆的，那个驾车人一直往前，就能到达目的地，完成环球旅行。其他学生都大笑起来，盯着老师等判断。这位教师的应变能力很强，认为这是开拓学生发散思维、逆向思维的好机会，于是表扬这位同学敢想、会想，然后提出几个问题让学生讨论。学生一下由"要我想"变成了"我要想"，他们的所想和所说都比以往放得开。

　　《买椟还珠》寓指的是把没有价值的东西留下来，却把贵重的东西丢掉的行为。作为小学高年级的学生，理解这点是很容易的。例如，一位青年教师讲这则寓言时，教学设计没有停止在只让学生了解寓意上，而是运用这则寓言的内容，由浅入深地引导学生思维至更宽广的领域，最终效果很好。下面将课堂实录的后部分摘要如下。

师：我们已经明白了这则寓言的寓意，现在我们来想想这个问题，装珠子的盒子有没有价值？

生：也有价值，它是"用名贵的有香味的木料做成的"，并且"装饰得十分美观"。

师：那为什么说"把没价值的东西留下来"了？

生：这是因为和宝珠相比显得没价值了。

师：这说明一个什么道理？

生：有价值还是没价值要通过比较才能知道。（老师举了一个例子后，学生也举了一个例子。略）

师：我们再想想，如果这个郑人从艺术的角度看，认为这个人工做的盒子的价值超过了那个天然的宝珠，你认为有没有道理？

生：我认为没有道理，因为"宝珠比盒子贵许多倍"，宝珠值钱得多。

生：我认为有道理，因为从艺术上看，人创造的艺术品比宝珠更有价值。

师：两个同学都说得好像有理，为什么？

生：因为他们比较的标准不同。一个从值多少钱的标准说的，一个从艺术的标准说的

师：对，这又说明了一个什么道理？

生：说什么东西有没有价值，要看用什么标准。（老师举了两个例子。略）

师：郑人出高价买这个盒子，说明这个盒子在他看来超过了宝珠，包装超过了内容，形式超过了内容，见到过这样的事没有？（学生举了很多例子。略）

这个教例，虽然对一些缺少这种训练的学生来说可能难了点，但我们可以肯定，它注重学生的多向和逆向的思维训练，学生的分析能力、概括能力得到了很好的锻炼，其收获远远胜过学一篇寓言只明白一个寓意的教学。了解小学语文教学的人都知道，学生作文里的毛病，往往一是无话可说，二是条理不清。究其实质，是学生的思维的呆滞、条理不清造成的。因此，提高学生的理性的思维水平是至关重要的。所以，我们应该有明确的计划，从小学中年级就开始有目的地加强开拓学生思维和培养良好思维品质的训练。这种训练，虽然用什么体裁的课文都行，但寓言更有得天独厚的优势，因为它的结论（寓意）不是固定不变的，学生参与性的空间是非常广阔的。

第四节 小学语文寓言教学改革的有效途径

寓言是一种富有魔力的"文本",是一个个智慧故事,它教人智慧,给人乐趣。幽默是一种能力,可以习得。优秀的寓言对人的性情培养很有用。那么,具体到我们当下的小学寓言教学中,它的"魔力"得到彰显了吗?当前小学寓言教学中存在的问题突出表现在两个方面。一是"不把寓言当寓言来教",教师拘泥于字、词、句的机械训练,呈现的是"碎片性"的教学,把寓言仅仅当作是识字教材,或者仅仅当作是普通的短文来教,忽视了它的讽刺性和教育性。二是"太把寓言当作寓言来教",即教师抽象而拔高地讲解寓意,对文本内涵的理解和挖掘不够,寓意的揭示不能做到水到渠成,而是牵强附会,或是断层性的跳跃,犹如空中楼阁,学生可望而不可即。这两种倾向都要引起我们的高度重视。

钱钟书先生曾说:"小孩子该不该读寓言,全看我们成年人在造一个什么样的世界和社会,给小孩子长大了来过活。"小学语文课堂上学生应该怎样来读寓言,全看我们语文教师在解读中打造一个什么样的世界,和引领他们去到一个什么样的世界。艺术形象是寓言的躯体,道德教训是寓言的灵魂。只有将"艺术形象"这个躯体丰满起来、立体起来、鲜活起来,并让我们熟悉它甚至亲近起来,我们才能使这个"灵魂"活跃于我们的心中。

因此,小学语文寓言教学改革的有效途径,就是要引导学生进行思维发散,多视角、多层次地解读。对此,更应在以下四个方面下功夫。

一、让寓言课堂教学充盈尊重

受传统教学观念的影响,小学语文教学偏重于知识的传授和能力的发展,重视标准答案,忽视学生个体差异。"人性化语文教育的首要因素就是尊重学生,尊重学生是整个教育工作的核心,也是教育者的道德重心。"

(一)适应学生年龄特征

小学课堂寓言教学应适应学生的心理和智力发展特征。心理学研究表明,小学低年级孩子的思维主要是形象思维,在他们的观察与思维中,现实的世界就是"形象"的世界。因此在阅读童话或故事时,他们总是作为其中的"一个"存在,并根据情绪的变化、情感的好恶,不断变化角色,或乌鸦或狐狸,或小猪或小牛,或小猴或小羊,这与成人世界的解读是不一样的。老师应是"老鹰捉小鸡"游戏中的"老母鸡",领着他们,还得护着他们,要善于从故事情境中跳出来,还要时时沉入其中,使学生不知不觉中,认识了形象,并间接认识了事物及其关系。小学低年级学生由于理解能力不够强,许多寓言的感悟不能达到很透彻的水准,这时候教师的课堂教学的主要任务不是让学生深刻感悟哲理,而是尊重学生的年龄特征,让学生自由表达。例如,《坐井观天》是一篇充满童趣的寓言故事,某实验学校的张老师引导学生围绕小鸟与青蛙争论的"天有多大"展开了讨论。在我们看来,天的确是无边无际,大得很,小鸟说得对,井底之蛙目光短浅,无疑是错的。但是如果按照我们的观点去框定学生的思维,就错了。张老师是怎么处理的呢?课堂实录如下。

师:小鸟和青蛙展开了争论,究竟谁对谁错呢?(大多数同学纷纷表示小鸟说得对)

生1:我认为青蛙说得也对。(同学们哗然)

师:为什么?(对这个同学的勇气提出表扬!)

生1:因为青蛙在井底,只能看到井口那么大的天,它说的是实实在在的真话,不是假话,所以不能算错!(同学们听后纷纷赞同)

生2:我爸爸去过内蒙古大草原,我觉得那儿的天比我们这儿的天就大。

生3:我在电视上看过青藏高原上的天空,看起来比我们这儿的天要大、要蓝得多!

师:假如青蛙跳出井口,它会看到什么?它会说出什么?大家讨论讨论,看谁想得好,说得也棒……

师:这则寓言对我们今后的学习、生活起到了什么作用呢?

生:做什么事都不要骄傲,要做目光远大的人。

生:不嘲笑别人,多体会别人的处境。

……

在这个课例中,学生的智慧能得以激发,学生的思维能跳出书本之外,得到扩展,是非常令人高兴的。如果教师站在成人的角度,用个人的主观意志限制学生的思维,那势必将学生的创新意识扼杀在摇篮之中,学生的创新思维火花被彻底浇灭,教师就成了罪魁祸首。所以我们在教学寓言的时候,特别是在小学低年级教学中,一定要珍爱童心、珍视童趣,我们觉得同学们能从《坐井观天》中学到的远比这个寓意本身的知识要多。

（二）关注学生个体差异

关注学生的个体差异，是新课程的重要理念。在寓言课堂教学中，要尊重学生的情感和体验，满足学生的不同需求。例如，教学寓言《狐狸和乌鸦》，是批评狐狸的狡猾？还是赞赏狐狸的聪明？还是欣赏狐狸的生存智慧？完全可以让学生展开热烈的讨论。对学生的个性化理解，给予科学恰当的评价，再予以纠正或完善。我们认为，寓意揭示的不周全，或对学生认识偏差的放任不管，实质上是对寓言教学的不负责任，也是对学生生命成长的不负责任。所以，教师要对学生看似创新奇特实则不对的观点和论调，勇敢地说"不"。"真正的教育存在于人与人心灵距离最短的时刻，存在于无言的感动之中。"寓言教学是个性化的行为，教师要注重学生的个性差异，客观、公平地加以"裁判"，对学生即使是不成熟的，甚至是幼稚的看法，都要加以正确引导，不要责备。这样更能点燃学生思维的火花。

二、让寓言课堂教学充满童趣

寓言犹如一面镜子，照出人们性格上的某种弱点，揭露人们生活中一些不良现象，通过善意的讽刺和嘲笑，使人们在幽默带来的笑声中认识并改正缺点，而这也正是寓言的魅力所在。寓言的教学，就是要充分借助于寓言的这些特点，挖掘教学资源，让孩子们在艺术欣赏的过程中，促进想象力和语言能力的发展，学会思考生活，进行自我教育。现代语文教育要求教师充分利用儿童活泼好动的天性，创设一种自由、平等、和谐的氛围，在师生的对话、活动、交流中进入真情交融的境界。那么，要如何把童真童趣融入寓言课堂，使寓言教学富有诱惑力，促使学生好学、乐学呢？

（一）说说演演，融入角色

小学生活泼好动，乐于自我表现。遵循儿童这一特点，让他们表演寓言中所描述的内容，可以迸发出儿童智慧的火花，打开思维之门，快乐地参与学习。小学语文教材中的寓言，大多贴近生活实际。要理解、读懂它们并不难，难点在于如何通过语言文字去体会其中的思想内涵。通过课堂表演来体会寓言的意境和感情，有时可以达到事半功倍的效果。课堂表演能够促进儿童的创新思维，让孩子们愉快地投入课文所描绘的情景中去。课堂表演又将抽象的文字变换成生动活泼的艺术形象，小学生如同身临其境一般，能真切地体会到作品语言文字所表达的情感。例如在学习《蝉和狐狸》一课时，教师让学生戴上头饰，分角色表演，再加上生动的对话和精彩的表演，蝉和狐狸这两个鲜明的艺术形象就生动地再现出来，文章揭示的道理也就不言而喻。

（二）读读画画，兴趣倍增

小学生的想象力非常丰富。在课堂教学中，教师要扬长避短，减轻学生学习的负担。儿童读一读寓言，把自己理解的内容画下来，是发展儿童形象思维和创新思维的一条捷径。在语言文字训练中适时地运用画画这种方法，化枯燥无味的说教为具体可感的形象，让学生自己动手动脑，往往可以取得事半功倍的效果。例如在教《鹬蚌相争》这则寓言故事时，在学生读完故事之后，要求他们运用手中的彩笔，将故事中所描绘的情景画下来。很快，蓝蓝的天空下，清澈的小河边，争斗不息的鹬蚌，被渔翁不费吹灰之力一把抓住。教师再把学生创作的作品，展示给大家看，议议、评评、比比，看谁画得好。这样孩子在浓浓的乐趣中主动地求知，读懂了故事背景，了解了作者通过故事揭示寓意的用意。以读书为基础，读一读画一画、画一画读一读，学得轻松，真是其乐融融。

（三）听听唱唱，轻松和谐

音乐是人类的第二语言。恰当地运用音乐，创设良好的语文教学情境，有时可以达到"随风潜入夜，润物细无声"的效果。在寓言教学中，有的寓言故事还可以适当配上音乐，使故事、教师、学生三者的情感融为一体，效果极佳。如教学《狐假虎威》这则寓言，为了让学生更生动地感受两个鲜明的艺术形象，教师可先用幻灯显示出课文的插图，然后插入导语："狐狸神气活现，大摇大摆；老虎东张西望，半信半疑。"接着播放音乐，老师范读课文。此时学生的视觉中呈现的是森林中两个很有特色的形象，他们已完全陶醉于故事的情节之中了。根据不同的教学内容和语言文字训练的要求，或播放乐曲、歌曲，或学生演唱，或教师弹奏，或师生齐唱，或配乐范读。这就让学生的学习，如同欣赏音乐一样轻松愉快，学生自然乐于学习。

唱唱、画画、演演、说说是孩子们喜爱的活动。充满天真童趣的课堂，可以充分调动小学生的各种感官，激发他们的学习兴趣。在轻松、和谐、愉快的环境中，让一个个可爱的寓言在阅读中成为孩子们生命的力量，如春雨"润物细无声"地渗透到学生的灵魂深处，慢慢催化学生的情感，引领他们向着快乐的语文殿堂前进。

三、让寓言课堂教学展现美好

小学课本中所采用的寓言故事，大都是通过具体的人物或人格化的动植物的艺术形象来寄托某一道理，以此来引发学生的思维、想象，陶冶学生的道德情操，培养学生的审美观和道德观。学生在领会寓意的过程中得到了明是非、知善恶、识美丑的审美教育。那么如何在教学中挖掘寓言中的审美元素呢？

（一）在比较中感受语言的准确凝练

寓言以短小精悍、语言精练为特点，所以在教学中，教者通过添词、去词、换词等方法，引导学生在对比中感受寓言语言的准确、凝练，从而受到语言文字的熏陶，培养良好的语感。著名特级教师于永正在教学《狐假虎威》时有这样一个片段：

生：在茂密的森林里，有一只老虎正在寻找食物，一只狐狸从老虎的身边窜过，老虎扑过去，把它逮住了。

师："窜"是什么意思，可以换成"跑"吗？

师：为什么不用"跑"呢？我们再来请教一下字典先生，看看"跑"和"窜"到底有什么不一样？（学生查字典）

生：逃跑、乱跑。

师：那么在这里是乱跑还是逃跑呢？（是逃跑）理解了，老虎来了，狐狸紧张不紧张（紧张）大家再读一读，看谁能让大家感到紧张。

（自读后指名读）

我们在感受寓言语言的准确、凝练的同时，对寓言中出现的成语、经典语句等要引导学生进行背诵、积累、运用，从而丰富学生的语言库，丰富他们的文化积淀。如《狐假虎威》一文中就出现了大量的四字词语：东张西望、大摇大摆、神气活现、摇头摆尾、撒腿就跑、狐假虎威。再如学习了《滥竽充数》一文，学生同时也就积累了鱼目混珠、自欺欺人、以假乱真、不懂装懂等词语。寓言中还有理智性、概括性很强的语言，含有深刻教育意义的语言，也可引导学生进行理解、背诵、积累、运用。如《自相矛盾》有这样两句话，有人问他："用你的矛戳你的盾，会怎么样呢？"他哑口无言，回答不出来。因此可以让学生在理解这句话的基础上，找一找身边"自相矛盾"的现象，学习如何去戳穿谎言。

（二）在对话中感悟形象的典型生动

优秀的寓言故事里有着丰厚的容量，蕴涵着深刻的人生哲理，需要学生们去推想、领悟言外之意，品评味外之味。在寓言王国里，狐狸和狼、小鹿和老虎不再是动物，它们是人格化了的"人"，这些都能使学生经久难忘。在教学中，教者要善于创造各种情境，引导学生与文中的人物对话，在对话中感悟人物的形象。例如，教学《滥竽充数》一文后，教者可引导学生扮演南郭先生，其他同学扮演小记者，对南郭先生进行采访，采访的内容由学生自定："南郭先生，你为什么要逃跑？""南郭先生，经过这件事后，你以后有什么打算？""南郭先生，如果你的后人也学习吹竽，你有什么话想要告诫他的吗？"……学生通过与南郭先生进行对话，倾听南郭先生的逃跑感言，不仅深刻地理解了寓意，而且更重要的是，南郭先生这样一个人物形象已然扎根于学生脑海。他们知道做什么事都要脚踏实地，滥竽充数、自欺欺人的行为是不可取的。还有像《农夫与蛇》《鹬蚌相争》《亡羊补牢》《守株待兔》等，这些故事中的形象，我们都可以用对话的方式，感悟人物形象的特点，激励学生做善良的人、智慧的人。

（三）在想象中走进人物的美好心灵

寓言故事常常配有插图，寓言作家所创造的插图往往具有幽默、风趣、童真的意境。教学中，教师要指导学生观察插图，要重视把观察和想象结合起来，深入画面的意境，认识事物的本质意义，为揭示寓意做好准备。例如，一位老师在教《狼和小羊》一课时，让学生联系插图朗读课文，想象当时小溪边的情景。充分利用书中的插图，加强教学的形象直观性，让学生感知狼和小羊的个性特点，得出狼的粗暴、凶残和蛮横无理，以及小羊的软弱温驯，从而对小羊产生同情、怜悯。审美建构实质上就是在阅读教学过程中追求一种艺术化的理想境界，以美的规律来优化和规范言语实践行为，使小学生进入审美的胜境，以美怡情、以美启真、以美激智、以美育德，从而促进语文素养和身心素质的全面和谐发展。在寓言教学中，引导学生感受美、欣赏美，学生会得到美的陶冶，健康地成长。

四、在寓言教学课堂发展语言

在寓言教学中，我们除了重视挖掘故事背后隐藏的哲理外，也不可忽视寓言教学对语言能力的培养。

（一）课堂教学和课外阅读相结合

我们可以从两方面引导学生进行课外阅读，培养学生良好的阅读兴趣。一是课前查找寓言的出处或背景。寓言故事多具哲理性、讽喻性，用故事来影射社会生活。寓言故事来源于社会，同时也反映社会现象。因而，许多寓言故事都有具体的出处和一定的时代背景。如寓言《画龙点睛》，课前我们可以布置任务，学生查找其出处以及张僧繇这个人的背景。这种查找其实就是一种阅读的过程。

二是阅读相同题材的寓言，丰富学生的思维。小学语文教材中的寓言主人公大多是动物，学了这一类的寓言故事后，我们可以让学生读一读含有相同主人公的寓言故事。如苏教版第三册《狐狸和乌鸦》一课，通过描写狐狸千方百计从乌鸦处骗肉的故事，告诉我们不要轻易相信坏人的话。学完这则寓言后，学生们必将兴趣大增，这时要因势利导，指导学生阅读，例如《狐狸和葡萄》《断尾的狐狸》《狐狸和狗》《口渴的乌鸦》《燕子和乌鸦》等。在寻找寓言故事的途中，学生感知到了什么是美，什么是丑，什么是善，什么是恶，得到了美育教育。同时，他们也领略到其中的趣味，激发了他们阅读的兴趣。

（二）寓言阅读和作文教学相结合

语文教学的一个重要目标是激发学生的写作兴趣，提高学生的写作能力。寓言教学作为语文教学的一个大方面，可以把读和写结合起来。其方法有如下五点。

一是改编扩写。寓言以短小而著称，缺少细节描写，这就给学生提供了一个广阔的思维扩展与想象的空间。教师可以以原文为基点，利用扩写、改编等来丰富语言的内容，将寓言故事生动化、形象化。

例如，《狐狸和葡萄》中写道："一个炎热的夏日，狐狸走过一个果园。"此处，我们便可引导学生对"夏日""果园"以及"狐狸"进行生动细致地描写。"于是他后退了几步，向前一冲，跳起来，却无法够到葡萄。狐狸后退又试。一次、两次、三次，但是都没有得到葡萄。"在这里，我们又可以让学生发挥想象，具体描绘狐狸分别用什么方法来够葡萄，以及它几次够葡萄的心理。这样改写出的文章人物刻画生动而传神。

二是写读后感。读后感，顾名思义，就是读了一本书、一篇文章后，以具体的感受和得到的启示为主要内容写下来的文章。所谓"感"，可以是从书中领悟出来的道理或精湛的思想，可以是受书中的内容启发而引起的思考与联想，可以是因读书而激发的决心和理想，也可以是因读书而引起的对社会上某些丑恶现象的抨击、讽刺。写读后感既可以加深对文章的认识，又可以培养学生深入思考的能力，还可以提高学生的写作水平，这些在寓言教学中都同样重要。

三是续写寓言。续写就是延伸文章的情节，篇外求意。续写要求学生不但能对自己已有的知识进行充分的理解、充实，而且要逐步养成敢于除旧、敢于布新、敢于标新立异，敢于突破条条框框，敢于用多种思维方式探讨所学知识的思维习惯。续写可以启发学生通过想象延伸文章的理解，不仅发展了他们的探求精神，而且打开了学生的思路，培养了学生的创新思维。学习《滥竽充数》这则寓言时，为了打开思路，可以让学生对这篇寓言进行合理的续写。有个同学写道：

为了养家糊口，南郭先生不得不走出家门开始寻找工作。他来到一家餐馆，应聘做了一名店小二。工作第一天，他端菜时把汤洒在客人身上，害得掌柜的对客人又是赔钱又是赔笑；第二天，他把洗好的碗放进碗柜时，不知是手滑还是紧张，碗摔了下来，整整十个碗被摔得粉碎；第三天，他去送外卖，又走错了人家，送错了饭。掌柜的原本想把他留下来用他的薪水抵债，可照这样下去，会赔了夫人又折兵的。掌柜的只好自认倒霉，把他辞退了。他来到一家写字楼，应聘做了一名抄写员。可他不是写错字就是抄漏字，这还不算，他把老板的一个收账单上的数据少抄了两个零，险些酿成大错。不到晚上，老板就让他卷铺盖回家了。他找了一个又一个工作，但还是一次又一次被炒了鱿鱼。百般无奈，他准备重操旧业——吹竽。他在大街上最热闹的地段摆了个地摊，还请专人来为他做了广告：天下第一大吹竽手（曾是皇宫第一大吹竽手，现已告老还乡）。他用那根曾经为皇上吹过的竽在街上吹了起来，可想而知，就他那技术，能蒙骗得了群众的耳朵吗？一曲过后，听众们就开始向他扔烂菜叶，丢坏苹果了，有的甚至把石头砸向了他。南郭先生在群众的一片责骂声中连滚带爬地逃走了。回到家后，南郭先生痛定思痛，终于明白：人没有真才实学，是没有办法生活的。他下决心，从今往后，一定好好练习吹竽。

这篇续编，语言幽默但又不失严肃，故事情节一波三折，而且又富有时代气息，写出了没有真才实学的人的痛苦。进而突出真相：在这个充满竞争的社会里要生存，必须有真才实学。这与原故事的主题是非常吻合的。

四是创作寓言。运用寓言体裁进行创作，不仅可以促使学生深入思考，锻炼创新思维，形成多角度立意的能力；还可以增强学生灵活调遣素材的能力，锻炼学生议论说理的能力，提高他们的语言表达水平；同时，也培养了他们细心观察身边的事物以及对社会现象敏锐的洞察力。学写寓言，首先要审题立意，其次要收集素材。当我们学习完一则寓言后，可以让学生根据寓意重新收集生活中的相关事例，编写同一寓意的寓言，亦可利用原有的主人公形象重新构思，编写同一人物不同寓意的寓言；还可给学生充分的自由想象空间，根据社会的某一现象自编寓言。

五是创造性加工。它既有文章的内容，又有自身的体验，既启发学生的创新思维，又培养学生的想象力。例如，编排课本剧，阅读文学作品是第一步；在学生参与编剧的过程中，改写课本剧是第二步；参加课本剧的排演，把台词说出来是第三步；最后分享排演成果是最后一步。而在整个过程中，学生作为学习的主体，自然且有效地锻炼了听、说、读、写的能力。

　　儿童文学视野下的小学寓言教学是一个崭新的课题，还有许多值得研究的地方。但不管怎么教学，都要尊重儿童，以儿童身心发展的特点为依据，最大限度地促进儿童的发展。

第五节　小学语文寓言教学优秀案例举隅和解读

　　寓言故事由于短小、生动、有趣，又富有教育意义，因而成为孩子们十分喜爱的文学体裁。不少老师在进行寓言教学时往往陷入"生吞活剥、讲故事、背寓意"的不良模式，偏重于道德教育，局限于理解单纯的寓意，这是不利于提高学生的语文能力的。寓言的寓意包含在它的生动鲜明的艺术形象里，只有当学生具体而完整地感受了形象，才能真正领会它的寓意。所以寓言的教学，应当以文本为依托，加强对语言文字的训练和感悟，利用寓言人物鲜明和文字适合朗读的特点，让学生尽情地读、演，运用各种方法加深学生对形象的感受，给学生一对想象的翅膀，从故事走向生活，从动物、植物走向人类，启迪孩子们的智慧，放飞他们的思维，使他们飞翔在文学的天空，遨游在无限的想象的空间。对此，试以小学语文苏教课标版二年级上册《狐狸和乌鸦》为例。

　　在这里，我们特别要强调的是，在一些教学参考书里，将《狐狸和乌鸦》当成童话来分析，这其实是一个误区。《狐狸和乌鸦》分明是寓言，它出自《伊索寓言》。《伊索寓言》文字凝练，故事生动，想象丰富，饱含哲理，融思想性和艺术性于一体。其中，《狐狸和葡萄》《狼和小羊》《龟兔赛跑》《牧童和狼》《狐狸和乌鸦》等已成为全世界家喻户晓的故事。无独有偶，小学语文北师大课标版二年级上册选用的寓言《小马过河》，在一些教学参考书里也当成童话来分析，也真是莫名其妙。寓言《小马过河》从1957年开始入选小学语文教材，历经六十多年，成为更新率很高的小学语文教材中为数极少的经典。钱钟书在《读〈伊索寓言〉》中，卢梭在《爱弥儿》中，都将《狐狸和乌鸦》当作寓言来谈论。《小马过河》作者彭文席在生前从来没有说过这篇作品是童话。将寓言《小马过河》和《狐狸和乌鸦》说成是童话，是儿童文学文体意识不强的表现，对广大小学语文教师是一个误导，对广大小学生更会造成其思维的混乱，以致造成不该发生的消极影响。

《狐狸和乌鸦》课堂实录及评析：

执教者：某省某市某某某小学　景老师

评析者：某省某市某某某小学　李老师

教材分析：

这是一篇寓言，讲一只狐狸用奉承话骗取乌鸦一片肉的故事，说明爱听奉承话容易上当受骗。课文共6个自然段。第一自然段讲狐狸看到乌鸦嘴里叼着一片肉，馋得直流口水。第二至第五自然段具体讲狐狸是如何一次又一次地奉承乌鸦，使乌鸦一步步地失去警惕，最后上当受骗的。第六自然段，讲狐狸骗到肉后跑掉了。课文通过三次对话，形象地表现了狐狸的狡猾和乌鸦的轻信。对话时狐狸和乌鸦通过其神态生动地表现了它们的心理变化。

教学目标：

（1）能有感情地朗读课文。

（2）让学生懂得喜欢听奉承话容易上当受骗的道理。

教学准备：

乌鸦、狐狸的头饰，大树、乌鸦、狐狸的图片，识字卡片。

教学过程：

师：同学们，老师请来了两位小客人，是谁呀？（出示乌鸦和狐狸的图片）

生：（齐答）狐狸、乌鸦。

师：今天我们就来学习《狐狸和乌鸦》这篇寓言故事。请齐读课题。（学生齐读课题。）

（评：导入利用直观形象的图片，让学生明确故事的主要角色。这样从学生的认知水平出发，有利于调动学生的学习兴趣和探究故事内容的欲望。）

师：读了课题，你有什么疑问？

生1：我想知道乌鸦和狐狸是好朋友吗？

生2：我想知道乌鸦和狐狸之间发生了一件什么事？

师：这几个问题，老师都可以给你们解答。你们是想让我告诉你们呢，还是你们自己到书里去找答案？

86

生：自己从书里找答案。

（评：激发学生的求知欲，让学生去发现问题、分析问题、解决问题，培养学生独立思考的能力，达到自主学习的目的。）

师：现在请同学们自己读书。听清要求：

（1）借助拼音读准字音，读通句子。

（2）标好各自然段的序号。

（学生自己读书。）

（评：明确读的要求，对低年级的学生来说十分必要，这样可以提高读书的效率，有利于养成良好的阅读习惯。）

师：课文有几个自然段？谁愿意读给大家听听？

学生跃跃欲试。老师指名读书。

师：现在老师还想请同学们看着书上的插图，边读课文，边想这篇课文讲了一件什么事。读得还不熟的同学，只要继续练习把课文读会就可以了。

（学生自由读书。）

师：通过读书你知道了什么？

生：老师我知道了狐狸和乌鸦不是好朋友。

生：老师我知道了乌鸦上了狐狸的当。

师：同学们书读得不错，并且也有了不少的收获。现在老师考考你，你认识这些字吗？请你先自己读一读，把你不熟悉的字词找出来，多读几遍。（大屏幕出示字词）

学生认字、读词。

采用男女生对读、开火车读、抢读等形式识记生字。

（评：识字是低年级语文课的教学重点，采取多种形式掌握生字词，扫除学生语言的障碍，巩固学生的基础知识。）

（出示狐狸的图片。）

师：同学们，你看谁来了？

生：狐狸。

师：通过读书，我们知道狐狸在什么地方干什么？

生：狐狸在树林里找吃的。

师：狐狸来到大树下（在黑板上事先贴好大树的图片），看到了谁？

生：看到了乌鸦。

生：看到了一只叼着肉的乌鸦。

师：这只狐狸已经好几天没有吃东西了。它看到乌鸦叼的肉时，会怎样想？

生：这下可好了，省得我出去找东西吃了。

生：好香的肉，我一定要弄到手。

生：我饿得肚子咕噜咕噜直叫。这么香的肉，可不能让乌鸦吃了，我一定要把肉骗来。

（评：通过创设情境，扩展学生的思维，培养学生的想象力。）

师：狐狸心里是这样想的，又有什么样的反应呢？

生：馋得直流口水。

师：（指狐狸的图片）这只狐狸流口水了吗？

生：没有。

师：谁来帮着添画口水呀？

（一生添画。）

师：谁来把狐狸馋嘴的样子读出来？

（生读。）

师：请同学们看着图片，齐读最后一句话："狐狸馋得直流口水。"

（生读。）

师：狐狸那么想吃这片肉，后来是怎样弄到肉的呢？请同学们选择自己喜欢的方式读第二、三、四、五自然段。读的时候，可以用"＿＿＿"划出狐狸说的话。用"＿＿＿"划出乌鸦的反应。

（评：阅读是个性化的行为，同一阅读内容，不同的学生会运用不同的方式去阅读，有的学生喜欢独立思考，而有的学生喜欢与他人合作，一边读书，一边讨论。在良好的自主学习的情境中，学生的个体差异得到尊重。）

（生自由读书划句子。）

师：小组讨论一下，狐狸说了几次话？分别是怎么说的？乌鸦有什么反应？（学生分组讨论）

师：狐狸说了几次话？

生：三次。

师：第一次狐狸是怎么说的？

生：亲爱的乌鸦，您好吗？

师：乌鸦有什么反应？

生：乌鸦没有回答。

师：狐狸第二次是怎么说的？

生：亲爱的乌鸦，您的孩子好吗？

师：狐狸说话时是什么样的神情？为什么要这样？

生：狐狸赔着笑脸，想讨好乌鸦，骗乌鸦开口说话。

师：乌鸦有什么样的反应？

生：看了狐狸一眼，还是没有回答。

师：同学们，想不想跟老师一起演一演这两次对话？

师：现在你们就是叼着一片肉的乌鸦，叼起肉来吧！老师来演那只馋狐狸。

（师生共同表演。）

（评：师生互动，教师用形象的语言、逼真的动作，把学生带入了课文的情境中，使教师极具亲和力，营造了融洽的学习氛围，使学习充满了乐趣。）

师：请你们把肉放下，你们为什么不说话？

生：一开口说话肉就掉了。

师：第一次不说话，第二次为什么看了狐狸一眼呀？

生：因为狐狸说的话一次比一次好听。

生：狐狸说的话太好听了，要不是叼着肉，我早就跟他说话了……

师：狐狸看乌鸦有点心动了，于是又说了第三次话。他是怎样说的？谁来用甜甜的声音读一读。

（教师指名，学生读。）

师：同学们还想不想演狐狸和乌鸦的对话？

生：想！

师：请左边的同学叼起肉演乌鸦。请右边的同学演又馋又狡猾的狐狸。老师读作者的话，看谁演得好。

（学生表演第四、五自然段。）

（评：教师引导学生演一演、说一说、评一评，充分调动学生积极参与学习的过程，充分发挥了学生的主体作用，培养了学生的综合应用能力。）

师：狐狸说的话是真是假？你是怎么知道的？

生：狐狸说的话是假的。狐狸叼起肉一溜烟跑掉了。

生：乌鸦没有麻雀漂亮。

师：请同学们看大屏幕，（乌鸦和麻雀的图片）乌鸦和麻雀谁的羽毛好看？

生：麻雀的好看。

师：想一想，麻雀怎样叫？学一学。乌鸦怎样叫？学一学。

（学生学麻雀和乌鸦的叫声。）

师：谁的叫声好听？

生：麻雀的好听。

师：狐狸为什么要说这么多好听的话？

生：为了骗乌鸦开口说话。

生：乌鸦开口说话，肉就掉下来，狐狸就吃到肉了。

师：乌鸦上当受骗了，心情怎样？

生：难过、后悔、伤心……

师：乌鸦因为听什么样的话上了狐狸的当？请看大屏幕，谁来说说这句话——乌鸦喜欢听什么话，才上了狐狸的当。

生：乌鸦喜欢听奉承的话，上了狐狸的当。

生：乌鸦喜欢听好话，上了狐狸的当。

生：乌鸦喜欢听赞扬的话，上了狐狸的当。

（评：教师把学习的主动权交给学生，学生自由发表自己的看法，个个都投入思考，人人都奉献思维成果。）

师：老师今天请来的这只乌鸦，就是被狐狸骗去肉的那只乌鸦。你想对它说点什么？

生：乌鸦，你以后不要光听奉承话了，那样你会饿死的。

生：小乌鸦，你听过这句话吗？"闪光的东西并不都是金子，动听的语言并不都是好话。"

生：乌鸦，遇到事情要多动脑筋呀，不要光听好话而上当受骗。

（评：此处设计了一个看似简单实则很有价值的问题，激发了学生说的欲望，发散了学生思维。学生们各抒己见，既加深了对课文的理解，又训练了语言表达能力，积累了语感；既丰富了课文内容，又培养了思维的广阔性和创新精神。）

（老师把乌鸦的头饰拿到耳边，做说话状。）

师：同学们，小乌鸦对老师说，以后它再也不会上当了。谁愿意来演不上当的小乌鸦？谁愿意来演狡猾的狐狸？

师：我们来当评委，评评谁演得好。

（学生戴头饰非常投入地表演。无论狐狸说什么动听的话，乌鸦都没有上当。）

师：同学们，狐狸说了那么多奉承的话，乌鸦也没有上当。你们在生活中会不会上当？

生：不会。

师：如果有陌生人给你好吃的，要领你出去玩，你怎么做？

生：不理他。

生：到人多的地方，告诉大人，告诉同学。

（评：加强学生的情感培养，让学生形成正确的价值观和积极的人生态度，提升学生的思想素养。）

师：看来，同学们是不会上当受骗了。老师很高兴！快下课了，我想知道同学们今天学习了《狐狸和乌鸦》这一课后，回家想做点什么？

生：我把这个故事讲给小弟弟、小妹妹听，教育他们别上坏人的当。

生：我要和爸爸、妈妈一起演一演这个故事。

生：我要回家做头饰，跟老师做得一样好。

师：同学们，除了自己想做的事情外，我们今天共同的作业是（大屏幕出示）：发挥想象，以《肉被骗走以后》为题编一个小故事。相信你编的故事最有趣！

（评：拓展学习，进一步领悟本故事的思想意义。同时在学习的基础上，训练学生编写故事的能力，加强学生想象力的培养，达到巩固学习内容的目的。）

评析：

教者执教中突出的特点是：充分关注学生的主体地位，注重知识与能力、过程与方法、情感态度与价值观的结合。师生间的沟通，生生间的交流是在平等的基础上进行的，教师在整个过程中真正成了学生共同学习交流的伙伴、朋友，真正充当了教育教学的组织者、参与者的角色，确确实实让学生做了学习的主人。课临结束时，老师设计了让学生以《肉被骗走以后》为题续编一个小故事的作业，让学生练习，使学生进一步领悟本故事的思想意义，加强了学生想象力的培养，达到巩固学习内容的目的。同时也扩大了本次课堂的外延，以及对教材创造性地使用。

《狐狸和乌鸦》的故事童叟皆知：这是一只爱慕虚荣、易上当受骗的乌鸦，投其所好的狐狸几句虚伪的表态，哄得乌鸦美滋滋，嘴中的那一块肉也就悠悠地掉到了狐狸的嘴里，最终"掉"成了一个经典的故事。显然，寓言中讽刺、讥笑的倾向是非常鲜明的，也许《狐狸和乌鸦》想告诉学生：爱慕虚荣、好听好话是会上当受骗的。其实这往往是一厢情愿。事实上，《狐狸和乌鸦》给一些小学生的感觉是：乌鸦是活该上当，不值得同情，而狐狸是"聪明"的，值得赞赏，值得仿效。由此可见，《狐狸和乌鸦》是一把双刃剑，它的教化意识有点模糊，所传达的信息是复杂的，小学生是难以正确领悟和理解的。

狐狸和乌鸦是寓言中的角色，只是一个载体，重要的是载体后面所隐含的寓意。不知我们有没有意识到，教材中的动物几乎都会被小学生贴上标签，一旦动物被贴上标签后，教育功能凸显了，动物形象单一了，动物的自然本性被隐蔽，动物的社会属性被大大张扬。这时，动物的类型化就相当于人的类型化，狐狸和乌鸦在小学生的眼里分明就是"狐狸式的人"和"乌鸦式的人"。《狐狸和乌鸦》仿佛在告诉小学生——像"狐狸式的人"能获得利益，像"乌鸦式的人"会吃亏。凭心而问，这"老实吃亏"的狡诈哲学能否向小学生"提供"？不仅如此，教材还将乌鸦叫声难听这一自然缺陷作为取笑对象，使小学生无形中对乌鸦产生厌恶感。同时，也在暗示小学生：抓住别人的缺陷加以利用能取得自己的最大利益。我们姑且抛开"老实吃亏"这个狡诈哲学先不说，将自然缺陷作为取笑对象，无论是哪个时期哪个地域的人都不会赞同。

像《狐狸和乌鸦》这些在人文精神、生命意识方面有待商榷的教材，我们在教学时，还要注重审视这些教材所承载的教育价值，给小学生予以适当的点拨和多元的解读。

第五章　小学语文教材中的诗歌教学

"人，诗意地栖居在大地上。"两百多年前，德国大诗人弗里德里希·荷尔德林吟咏出如此唯美的诗句，他浪漫地把诗意栖居当成人生存的至乐。这句诗因德国著名哲学家海德格尔的引用并加以哲学的阐发而成为行走于历史和未来中的静谧之物。它更是一个美好的梦想、一缕理想的光辉、一汪人类渴求的泉水、一首生命自由而逍遥的歌唱……海德格尔把这句诗抬到了至高的地位。除专文阐发外，在许多文章中都时时涉及。事实上，这已成为海德格尔自己的意思了。海德格尔说：人诗意地栖居在大地上。让诗意擦亮蓝天，让诗意洗净明月，让诗意晕染我们的心灵，让诗意点燃生命的火焰。

诗意是和儿童紧密相连的。在刘晓东博士看来，"在诗人心中，童年是生命养精蓄锐的地点，是滋养生命、诗意地栖息于大地上的原点。也就是说，童年是诗意栖居大地上的家园，是游子必然试图回归的故乡。"刘晓东主张儿童文化中存在着"童年诗学"，他认为，"儿童不只是诗意地栖居在大地之上，他还诗意地鱼游于历史的长河之中。儿童的游戏、儿童的梦想、儿童的艺术、儿童的思想、儿童的全部生活，都是史诗，都是描绘生命的历史、精神历史的诗篇。"儿童的诗性精神，在儿童文学中得到极致的张扬。而儿童诗歌则是滋润儿童诗化心灵的春雨。

诗化心灵指的是，将儿童诗歌的涓涓雨露浸润到学生心灵的至深处，使他们对语言文字和世间万物的真、善、美日趋敏感，情思和语言日趋丰妙。这恰如春天绽放的第一枝桃花、夏天拂过的一缕凉风、冬日里融融的暖阳，让学生充分享受到学习儿童诗歌的快乐，在儿童诗歌学习中展开想象和梦幻的翅膀，激起生命灵性的浪花，达到语文感觉细腻敏捷，从而促使他们的语言和精神携手走向丰美，达到精神和语言同构共生的至美境界。

小学语文教材中的诗歌，有着直率明朗的抒情性、流畅而优美的音乐性、参差不齐的形体美、天真活泼的趣味性等特性，因而深得儿童的喜欢。这对于他们丰富词汇、陶冶情操、增长见识、开发智力有着不可忽视的重要意义。诗歌又蕴涵着中华民族的精神和品质。对儿童进行诗化教育，不仅可以激发儿童的创造潜能，全面提高综合素质，还可以使儿童增强体验，培养语感，培养诗化的心灵，奠定其一生诗意地栖居在大地上的人性基础。

第一节　小学语文中儿童诗教育的现实意义

新课程标准强调语文学科必须注重人文教育。语文课程标准中提出了"1～6年级的学生要有160篇古诗文和145万字的阅读积累量"。强调多读、多背，更是为学生们预先储存了一笔精神财富，为他们今后学习语文乃至全面发展打下了一个坚实的基础。有专家坦言，青少年如果没有在文学海洋里遨游，其心灵是干枯的，长大后不管从事什么职业都难以弥补缺憾。当然，我们知道，一阵短暂的小雨，不会把风干的大地浸湿。一两篇诗文也不可能对学生的心灵产生多大影响。但若是我们时时用文学的和煦春风熏染学生，把语言艺术的珍贵雨露浸润到学生心灵的最深处，营造"处处诗化"的氛围，其效果肯定不可同日而语。

儿童诗教育所追求的教育目的和所能达到的教育功效跟语文新课标总目标的要求有着惊人的相似之处。在儿童诗教育中追求的教育目的，都能在《语文新课程标准》的总目标中找到相应的条款。这说明儿童诗教育顺应了现代语文教育的理念和需求，正是现代语文教育所需要的。

一、童诗教学能提高学生的审美素养

诗歌是我国传统文化中的一颗璀璨的明珠，使用融"音乐美""建筑美""图画美"为一体的诗歌对学生进行美育，具有其他形式所无法比拟的作用。把诗引进课堂，诗歌以其短小精悍的形式、充满生活情趣的情节、朗朗上口的语言，深深赢得了孩子们的喜爱，成了教育滋润孩子健康成长的不可缺少的乐章。通过写诗和读诗，陶冶了孩子们的情操，提高了他们的语言表达能力，丰富了想象力，提高了他们对生活的理解能力，丰富了他们的课余生活。童诗教学，推动了美育，推进了素质教育。

儿童诗的劝谕和教育的功能往往通过美感作用来表达。一首好的儿童诗，应当把某种劝谕隐含在能唤起美感的形象中，从而较之那种浅露的训诫，更能起到潜移默化的启示和诱导孩子的作用。如圣野的《雷公公和啄木鸟》：

　　我装雷公公/轰轰轰！去敲奶奶的门，敲得越是响呀，/里面越是没声音。//我做啄木鸟，/笃笃笃！/请奶奶给我开开门，/奶奶奔出来，/像闪电一样，/欢欢喜喜接小孙。//奶奶，奶奶雷公公声音大，/为什么听不见？/啄木鸟声音小，/为啥倒听得见？//奶奶告诉我，/当我像小强盗的时候，/她的耳朵就聋了，/当我像小客人的时候，/她的耳朵就不聋。

　　在作品中，含蓄幽默的语言，犹如春风化雨、细雨润物般滋润着孩子们的心田，给孩子某种启迪。儿童诗在培养少年儿童的道德品质、发展他们的思维和想象力等方面，发挥着重要的作用，尤其在美感教育和艺术鉴赏力的培养提高方面的作用，较其他儿童文学样式更为优越。一首优秀的儿童诗的教育和启发常常比简单的号召、生硬的劝谕深刻得多。

二、童诗教学能提高学生的认知水平

　　传统诗教学为我们积累了大量可行的经验。中国是一个古老的诗的国度，它是最早形成并成熟起来的文体。我国一向有着诗教的优良传统，幼童的启蒙一般以诗（包括韵文）教学为主，如《神童诗》《演小儿语》《千家诗》《小学韵语》等。只是当时由于政治的需要，这些启蒙读物以说教为主旨，向儿童灌输的是封建道德，逐渐被后人弃用。但是也有部分内容及所采用的形式，即使在今天，也仍然有可借鉴的价值。给孩子以诗的熏陶是一个民族文化进步的象征。直至今日，许多学校和家长仍把诗歌作为美育的一个重要方面，使学生从小就受到诗美的熏陶。可以说，诗歌是人们来到这个世界上，最早接触到的文学样式，它伴随着母亲的乳汁渗透到孩童的心田。

三、童诗教学能符合学生的心理特点

　　儿童对文学的接受能力是以儿童生理感官的感觉、运动机能为生物条件和基础的。心理学研究认为：儿童对音乐的敏感几乎是本能的、先天的。诗歌这个特殊的文学样式音韵优美、音调和谐，刺激着儿童听觉等感官的协调参与，会引起他们的心理快感。在教学实践中我们也往往可以碰到这样的场面，面对朗朗上口的语言，同学们会情不自禁地摇晃着身体，打着节拍，完全沉浸在诗歌所营造的气氛中。儿童富于想象，这同诗歌需要想象有着一致性。诗歌体现的美，同儿童的唯美的追求也有一致性。儿童对诗歌似乎有着天然的需要，这正是诗歌能在众多的文学样式中引起儿童注意的原因。

第二节　将诗一般的激情注入儿童诗教学

西方浪漫主义诗人认为，诗是源自人的内心情感的。19世纪初，英国湖畔诗人华兹华斯就在其著名的《抒情歌谣集》序言中，言之凿凿地提出："诗是强烈情感的自然流露。"他的朋友，即另一位湖畔诗人柯勒律治也提出："诗就是人的全部思想、热情、情绪、语言的花朵和芳香。"在新课程改革背景下，教学过程中关注的不再只是重点、难点和考点，而更多地去思考什么地方打动了学生，什么方式学生最喜欢。尊重童真、童趣，把游戏、故事、艺术、表演等巧妙地引入教学，让学习成为儿童幸福童年的快乐音符。其中，儿童诗以生动活泼的语言方式，迎合了孩子们的口味，容易切入学生的心灵。教师要将诗一般的激情注入儿童诗教学中，才能激发学生的激情，在师生中引起诗歌美好的共鸣。

一、学好诗歌，培养语感

儿童诗通常是简短凝练、节奏明快的，诵读起来舒畅、爽朗，使儿童容易理解其中的意思，领略其中的情趣，并能从儿童诗中直接学到生动优美的语句，增强儿童的表达能力。在新的语文教材中选用了大量儿童诗歌，具有知识性、形象性和趣味性。有的介绍山水草木的形象；有的描述日月星辰、四季变化；有的介绍浅显的自然和生活常识；有的介绍人与人之间的关系等。其以篇幅简短、节奏明快、浅显易懂，而深受孩子的喜爱。比如儿歌《鲜花和星星》，选取了生活中最常见的事物花和星星，将二者巧妙联系。一是"满地的鲜花"，二是"满天的星星"，说花儿是"这里一朵，那里一朵"，继而联想到"真比天上的星星还多"；说星星是"这里一颗，那里一颗"，继而联想到"真比地上的花儿还多"。说到花儿，让人联想到夏天的繁茂、热烈、艳丽；说到星星，又让人感到夏夜的清静、澄明。花儿与星星、地上与天上、白天与星夜、繁花与密星，两种不同的情境巧妙地糅合在一起，交相辉映，相得益彰。在诗中，孩子们受到了思想品德的教育，接受了规范的语言训练，并加强了语感，丰富了文化底蕴。更重要的是，诗歌让孩子们得到了情感的宣泄和美的熏陶，提高了审美情趣。

二、创设情境，运用语言

从儿童认知的规律看，儿童入学后学习语文是以口语为基础来发展起书面语的，易接受短小的文学形式。儿童诗中有精练的语言、奇特的比喻、机智的比拟、鲜活的动词、丰富的想象、新颖的构思、奔放的激情、细腻的感受、纯真的童心等，到处都闪耀着智慧的火花，释放着无穷的魅力，是非常适合孩子作为语言学习的课文类型。在语文教学中，说话训练尤其重要。为了缩短说和写之间的差距，老师可以抓住儿童诗简短、易模仿的特点，充分发挥教材中儿童诗的作用。老师可以创设一个让学生当小诗人来作诗的情境，这样不但让学生产生了新奇感，而且学会了自如地运用所学的语言。例如，《雨点》是一首小诗，全诗四句，句式整齐，韵律感强。其分别写了雨点落进池塘、小溪、江河、海洋里的不同姿态，并用四个拟人化词语生动地描述出来。课文的插图也形象地再现了雨点的不同样子。在学完四句诗后，教师可以这样启发学生："你们注意观察过吗？春天的雨点还会落到哪些地方呢？"学生的回答是多元的，有雨伞、玻璃、花朵……老师接着问："他们又是什么样子的呢？"答案有跳舞、打鼓、开放……老师再说："能把你看到的情景也做一首小诗吗？把你作的诗朗诵给大家听。"虽然孩子们的诗很粗糙，不是那么精美，但是儿童的诗，追求的是一份天然的没有雕琢的真。孩子们使用的是"无技巧的大手笔"，用他们聪敏独特的眼光、灵巧新奇的想象去作诗。

三、体验诗歌，展开想象

儿童是最善于想象和联想的，他们总是用自己创造性的想象来认识并诠释世界上的一切事物。在他们通过想象而诗化的世界里，花儿会笑、鸟儿会唱、草儿会舞、鱼儿会说……因此，儿童诗正是用符合儿童心理的丰富想象，创造优美的意境，抒发儿童的童真童趣，让儿童在奇妙多姿的世界里，展开想象的翅膀，感悟诗中的题旨。这就要求儿童诗的教学要用心灵和儿童对话。如《鲜花和星星》："我最喜欢夏天满地的鲜花，这里一朵，那里一朵……"诗歌对鲜花的样子、色彩都没有做任何的描写，显得简单而平淡，可是这正给学生发挥想象留下了足够的空白与空间。在教学时，教师可以引导学生一边读一边在头脑中放小电影，展开想象的翅膀。"你想到了什么？花园里有什么颜色的花？这么多花谁喜欢？他们会在花丛中做什么？"生活中的事物感动了孩子们，引发了他们的想象。而想象更进一步加深了孩子们对生活的情感，同时也培养了孩子们对生活、对大自然的观察能力，激发了想象力，发展了智力。

四、巧用诗歌，激发兴趣

小学生年龄小，好奇好动，对学习目的、意义缺乏认识，尚处在直接兴趣阶段。当学生对某件事物发生兴趣的时候，思维就会很活跃，注意力就会集中，也就富有创造性。因此，儿童诗教学应从教材内容和学生生活实际出发，运用多种教学手段和方法，激发学生的学习兴趣，调动他们学习的积极性。在教学《做什么最快乐》时，当学到第四自然段小蜜蜂的内容时，教师可以借助多媒体为学生播放一首小诗《小蜜蜂》。因为小诗简单易记，学生的兴趣很快被调动起来，会纷纷跟着吟诵。另外还可以加上动作进行表演，课堂气氛自然活跃起来。这看起来像是一种课间休息，但在读小诗的同时，学生对小蜜蜂的辛勤劳动有了更直观的了解。

儿童诗清新活泼、质朴纯真、朗朗上口，散发着真、善、美的气息。我们要让一首首活泼有趣且节奏和韵律感很强的儿童诗，在语文教学中散发出独特的魅力；我们要让美丽的儿童诗永远伴着孩子们长大，永远装饰他们的童心，充盈他们诗化的心灵。

第三节　小学语文中童诗教育促进作文教学

我国是诗的国度。孔子早就提出了诗教的思想，同时他也把这个思想付诸实践，并且为后人留下《诗经》及"不读诗无以言"的庭训格言。此后的人们对诗歌创作更是不遗余力。唐朝是我国诗歌创作的鼎盛时期，也是儿童诗的鼎盛时期，我们从《鹅》等诗歌中可以中看出儿童诗的精彩。白话儿童诗的创作高峰在五四运动以后，但也只是处在成人创作阶段，儿童的创作并不多见。

小学语文中童诗教育促进作文教学，可从如下几个方面来认识。

一、增强语言凝练能力

进行语感和想象力训练的最好材料莫过于诗歌，这是由诗歌的语言形式决定的。诗歌的语言形式往往具有这样的特点：语言高度凝练，富有韵律节奏感，极有抒情性和意蕴美。而要解读一首诗，需通过诵读、品味、想象，刺激各感官的参与，进而唤起内心的视像，把文字转化为视觉形象，经过读者的再创造，从而达到在新的广度和深度来把握语言具象。同时，诗歌写作教学能增强孩子们的音乐感、节奏感和形象思维能力。"合而读之，音节见矣；歌而咏之，神气出矣。"诗歌语言特有的秉性，对于训练学生语感的确是管用的。诗歌的创作过程中，从草稿到成品往往需要反复诵读和推敲锤炼。如觉得拗口，便增删换改，直至读来朗朗上口、音节协调，达到词句之间组合的最优化，进而让学生感受语言的特色，提高语言素养，增强语感。

二、丰富学生想象能力

学生作文的最大通病就是思路狭隘闭塞，题材不广，完全被生活所约束。其中一个重要原因就是缺乏想象。培养和发展学生想象力是提高作文质量、促进学生语文素质发展的不可或缺的因素。诗歌的诞生依赖于丰富的想象。诗的想象更丰富、更新颖。如果我们有意识地让学生对诗歌的用词造句，反复咀嚼品味，体会其中"只可意会、不可言传"的意蕴，那么学生的脑海中就会产生与之相对应的生动意象，从而在作文塑造形象时更能深刻地把握文章的内部结构以及遣词造句的准确性和生动性。只有观察生活，并善于思考，善于想象，把观察到的感性的东西做诗意的升华和由此及彼的联想，这样写出来的文章才有深度。

三、拓展学生表达能力

童诗比起其他文学体裁，形式更自由，题材更广泛，又易诵易记，并且学生的情感更易在诗歌里找到倾诉、表达的出口。而面对重结构、重主题、重篇幅的记叙文，再加上课堂上我们把语文课简化成了学习字词意义、分析句子结构、概括段落大意、总结中心思想、辨别修辞手法这样一套单调乏味且烦琐冗长的形式，使同学们望而生畏。在这种种情况下，儿童似乎更喜欢诗歌。

我们在低年级某个班级曾做过一次调查，让学生说说印象最深的是哪篇课文，结果有八成学生喜欢韵律感强的诗歌及诗歌体韵文。诸如《月亮船》等诗体文章，大多数高年级学生还铭记在心。从心理学和生理学角度出发，烦琐冗长的篇章极易造成心理上、视觉上的疲劳，进而产生排斥心理。特别是小学生，他们更喜欢吟诵那些节奏明快、悦耳动听的诗化的语言。教材的编写，可能出于识字编排规律及德育渗透的考虑，一些诗歌的入选并不符合儿童身心发展的需要，且入选诗作俱是成人作品，比较强调教育责任，不如学生自己写的作品富有质朴稚拙的情趣，贴近儿童的生活。缺少了意境与情趣，它只能是分了行的、有着诗的外在形式的文字，它的枯燥乏味，造成了学生与诗歌的双向疏离，往往在孩童的脑海里形成了"诗歌=口号"这样一个概念。儿童文学评论家刘崇善曾指出，近年来，儿童文学往往被看作是一种简单的教育工具，往往不顾读者对象的特殊情况，仅从教育需要出发，也不问少年儿童是否接受，甚至对文学的功能做片面地、狭隘的理解。儿童文学必须重视儿童本位的问题，就是在遵循一般艺术创作规律的前提条件下，考虑到儿童这个特殊群体的心理特征，使其符合一定年龄阶段的少年儿童身心发育的不同情况。

什么才是儿童喜欢写、喜欢读的童诗呢，在这里我们撷取学生自己写的几首诗：

妈妈/你下班回来啦/快喝口茶//妈妈/摸摸我的头发/今天怎么啦//妈妈/我想买个布娃娃

雨中/一位妈妈嘱咐孩子/路上当心滑/上课要专心/放学快回家/别在路上转悠……/孩子连点几个头/妈妈的嘱咐/春雨般繁多/春雨般悠长//孩子在路上/尽玩花样/倒着走/斜着走//孩子/撑着伞/就忘了/伞外在下雨

学生们正是以他们天真的目光、独特的角度去抒写自己的所见所闻所感。诗中虽然没有什么可值得推崇的品质精神，然而孩童的天真、诗意盎然的画面都使人感到愉悦。不管从德育的角度出发，还是考虑学生的个性发展，诗歌都不应成为学校练习写作的禁区。

四、提高作文的整体水平

学生在感受着诗歌的瑰丽的同时，会萌发一种想通过学习诗歌来倾诉自身感情的渴望，从借他人的诗句抒发胸臆发展到想要自己写作。我们应把准学生的思维动态，顺应学生的兴趣迁移，给学生创造一定的环境，尝试写作。我们没有任何理由遏制学生学诗写诗的热情。诗歌是文学中的文学，它对形式的表现、语言文字的描述、手法的运用、材料的组合都有着极高的要求。诗歌语言要有概括性、传神性与抒情性，情节要集中，表面的现象要深化，这就要求学生通过大脑对生活再分析，进行提炼、概括、归纳，进行深层次的重新组合。这既培养了学生的遣词造句的能力，又促进了篇章整合能力的提高，同时使学生的逻辑思维得到了训练。人民教育出版社温立三老师从编撰者的角度出发，认为文学教育离不开诗歌，诗歌是最纯粹的艺术，在内容、形式、结构、韵律等方面，在培养学生的文学兴趣上，都比散文和其他形式更优越且更适合。因此，出于教育目的，将写诗作为小学作文教学的环节，是很有现实意义的。

第四节　小学语文中古诗教学提升审美素质

　　熟悉阅读诗歌的策略，重构诗歌意象，感悟诗歌意境，是诗歌教学的重要目标。诗歌阅读教学的过程是诗化心灵的过程：探究诗歌文本，直观诗歌意义；感受诗歌情景，孕育诗歌意象；感悟诗歌真情，进入诗歌意境。诗化学生的心灵，是语文教学的至美境界。

　　古诗，是我国优秀文化遗产中的一颗璀璨明珠。小学语文教材中的古诗全都是千古传诵的名家名作，既十分适合小学生阅读，又具有很高的审美价值。作为一名小学语文教师，要准确把握古诗里情与景的统一、虚与实的结合、理与趣的融合，引领学生吟诗入境，明理悟情，努力使学生认识美、感染美、创造美，从而提高学生的审美素质。

一、小学语文中古诗的内容分类

（一）歌颂祖国大好河山和美丽风光

　　如李白的《望庐山瀑布》《早发白帝城》，杜甫的《绝句（两个黄鹂鸣翠柳）》，白居易的《暮江吟》，杜牧的《山行》，张继的《枫桥夜泊》，王安石的《泊船瓜洲》等。在这些诗中，诗人从不同的角度，欣赏、吟唱着我们伟大祖国的大好河山和壮丽风光。通过这些古诗的教学，可以使学生感受到祖国的河山之美，激发他们作为中华儿女的自豪感，培养他们高远的眼光和博大的胸怀。

（二）描写自然景物和吟咏天成之美

　　如骆宾王的《鹅》，孟浩然的《春晓》《宿建德江》，杨万里的《小池》，贺知章的《咏柳》，王维的《鹿柴》，王安石的《梅花》，杜甫的《江畔独步寻花》，叶绍翁的《游园不值》，杨万里的《宿新市徐公店》，柳宗元的《江雪》等，这些诗，或描写动物，或描绘四时之景，或吟咏幽境别趣，写得生动、逼真，美不胜收。通过这些古诗的教学，可以使学生认识自然，领略自然之美、天成之美，学会观察自然，培养爱美的情趣。

（三）歌颂劳动和劳动人民

如李绅的《锄禾》《古风》，张俞的《蚕妇》，范仲淹的《江上渔者》等，这些古诗，有的赞美劳动，有的歌唱劳动人民的勤劳和勇敢，有的揭露封建社会中劳动人民遭受的剥削。通过这些古诗的教学，可以教育学生热爱劳动并赞扬劳动人民，养成勤劳节俭的美德。

（四）抒发爱国主义情感和亲情、友情、乡情

如杜甫的《闻官军收河南河北》，陆游的《示儿》，李白的《静夜思》《赠汪伦》《黄鹤楼送孟浩然之广陵》，贾岛的《寻隐者不遇》，王维的《九月九日忆山东兄弟》等，这些古诗，有的抒发了在异族入侵、战争离乱中对故国的深深思念，表达了收复失地、盼望统一的爱国主义思想，有的抒发游子对故乡的眷恋，有的表达了朋友之间或亲人之间深厚、淳朴的感情。通过这些古诗的教学，可以培养学生热爱祖国、热爱家乡的思想感情和热爱亲人、朋友的健康情感。

（五）阐发生活哲理和自然规律

如白居易的《草》，苏东坡的《题西林壁》，王之涣的《登鹳雀楼》等，这些古诗，用生动的形象和浅近的手法阐发生活的哲理或自然发展的规律。通过这些古诗的教学，可以使学生接受辩证唯物主义的启蒙教育，学习观察事物、分析问题的方法。

（六）描写儿童生活

如《所见》《小儿垂钓》等，这些诗，通过捕捉儿童生活的一个场景，生动且逼真地刻画了儿童的天真和童心、童趣。通过这些古诗的教学，可以使学生认识到生活中有许多有趣的事，促使学生参加一些有益身心健康的活动，接触自然，接触社会。

二、小学语文中古诗教学促进审美素质

从以上例子中我们不难看出，小学语文教材中所选的古诗，虽然数量不多，篇幅不大，但每一首诗都对小学生的思想教育有着重要作用。认真搞好古诗教学，使学生理解古诗内涵的思想，对提高学生的思想素质具有重要的意义和作用。充分挖掘古诗的美学价值，能够提高学生的审美素质。我国古代诗歌在千百

年的发展中日臻完美，它不仅是一种语言的艺术，而且是一种包容了音乐、绘画等在内的综合艺术，是一个丰富的艺术宝库，有着巨大的美学价值。小学语文教材中所选的这些古诗，很好地体现了我国古代诗歌的美学价值。在教学中注意挖掘古诗的美学价值，对提高学生的审美素质具有重要作用。

（一）音乐美

我国古代诗歌讲究平仄、押韵，格律要求很严。每首诗读来朗朗上口，极富音乐感。在教学中，教师可通过示范朗读，读出古诗的节律和音韵，并要求学生反复朗读以至背诵，在吟诵中体味古诗的节律和音韵之美。还可以借助一些被谱了曲的古诗的演唱录音等，使学生深刻感受古诗与音乐暗合的美。这样，可以从小培养学生在音律、节奏、音韵上的敏锐感觉，为提高学生的音乐审美素质打下基础。

（二）对称美

我国古代诗歌讲究对仗，对词和句有严格的要求和限制。每首诗像一个严整的方阵，句数一定，字数相等，上下句之间、对应的字词之间，都有一种形式和内容上的对应关系。每首诗都有一种妙不可言的对称之美。教学中，教师可以通过工整的板书，把古诗的这种美直观地展现在学生面前，把词句之间的对应关系揭示出来。如：

　　两个　黄鹂　鸣翠　柳，
　　一行　白鹭　上青　天。
　　窗含　西岭　千秋　雪，
　　门泊　东吴　万里　船。

这样，可以使学生充分领略我国古代诗歌的形式之美、结构之美，培养学生的美感。

（三）绘画美

我国古代诗歌讲究诗中有画，具有极强的绘画感。

　　鹅，鹅，鹅，
　　曲项向天歌。
　　白毛浮绿水，
　　红掌拨清波。

短短十八个字，活生生地勾画出了一幅生趣盎然的白鹅浮水图。十八个字中，"白""绿""红""清"四个字描述颜色，"浮""拨""歌"三个字表示动作，"曲项""向天"两个词形容神态。正是因为作者巧妙地运用了这些表示色彩和动态的词，才使得这首诗具有一种多彩生动的绘画美感。再如，《所见》和《小儿垂钓》中描写小儿神态的诗句，极生动地描画出儿童那种天真烂漫的神态，使读者好像看到了"牧童捕蝉图""小儿垂钓图"。教学中，教师可以引导学生边读边在脑海浮现画面，还可以借助图画帮助学生领略古诗的这种绘画美，提高学生的审美素质。

（四）意境美

我国古代诗歌一个最大的艺术特点就是讲究意境。一首好诗，往往能把人带进一个美妙的境界，给人一种不同寻常的艺术享受。如李白的《静夜思》，全诗只有二十个字，却写了天上的明月和游子的思绪，把读者带进了一个游子月夜思念故乡的优美意境。讲解古诗的意境，难度是较高的。因为意境不仅是形象，而且包含有联想和想象，包含对人生哲理的领悟。在教学时，要注意做到以下三点：一是要求学生反复诵读、背诵，所谓"书读百遍，其义自见"。通过反复吟诵，可以自然地加深对诗歌意境的理解。二是教师要讲清诗歌的字面意义及其蕴涵的意义。小学语文教材中编选的古诗，大都比较浅近，其字面意义比较容易理解，但也有一些字、词的用法和现代汉语有很大的不同。例如"停车坐爱枫林晚"中的"坐"字不是现代汉语中"坐着"的意思，而是"因为"的意思。再如"可怜九月初三夜"中的"可怜"，不是现代汉语中"值得同情"的意思，而是"可爱"的意思。类似这些字、词都应让学生准确理解。教师还应在了解内容的基础上，引导学生初步体会古诗的主旨所在。三是要求学生在诵读和理解的基础上，发挥自己的联想和想象力，在自己的脑海里再现诗歌的意境。应该指出的是，由于小学生的知识、认识水平有限，不可能要求他们对每首诗的意境都有清晰的理解和想象。诗的意境不仅是诗人创造出来的，也是读者根据自己的人生阅历和体验，以及对诗的理解和认识再创造的。通过教学，使学生初步领略诗的意境之美，并为他们日后随着年龄的增长，以及生活阅历和知识的日渐丰富，对古诗进行反刍式的理解打下基础。

第五节　小学语文诗歌教学优秀案例举隅和解读

著名诗人圣野说过，"作为一个少先队辅导员，首先要懂得诗，才能学会用诗的打火石去敲击孩子心中希望的火星"。诗能引领孩子关注生活的细节，并让孩子学会用自己的想象去丰润地表现好奇心、想象力。可见，童诗是儿童文学作品重要的一块，特别当对象限定为我们的小学语文教学时。

洋溢着童趣的儿童诗教学应当以趣入手，从趣味诵读，到趣味创作，循序渐进。趣味性是为了迎合孩子喜欢接受新事物的特点，延伸性是为了文化的特质和阅读的价值。儿童诗教学可以启发想象，引导发散思维，在快乐的思维与想象游戏中，唱响童诗的旋律；在鉴赏与品析中学习，在游戏与引导中学习，敲击出童诗的火花。儿童诗是培养趣味的最好媒介，教师要摸索一套适合自己、适合孩子的方法。如何在诗歌这样一种简单的文学形式中丰富语文的质感？浙江师范大学周晓波教授带给我们的指引是，儿歌教学要注重趣味性和游戏性，注重对意境的把握，关注对意象的理解和分析。儿童诗的教学策略重在品味，重在朗诵，在有感情的朗诵中去体味作品所蕴含的思想感情。试以小学语文苏教课标版六年级上册《我们爱你啊，中国》为例。

《我们爱你啊，中国》课堂实录及评析：

执教者：某省某某市实验小学　李老师

评析者：某省某某市实验小学　丁老师

一、教学目标

（一）正确、流利、有感情地朗读课文，并背诵课文

（二）会写本课生字，绿线内的生字只识不写，理解由生字组成的词语

（三）通过理解诗歌语言和吟诵诗句，激发学生热爱伟大祖国的思想感情

（四）学习本文的写作方法创作一首诗

二、教学重点

通过有感情地朗读，逐层理解重点字词、关键句子，体会诗歌所表达的真挚而强烈的爱国之情，并通过朗读表达出来。

三、教学准备：多媒体课件

四、教学时间：两课时

五、学情分析

《我们爱你啊，中国》这首诗歌的作者以饱含激情的笔墨赞美了祖国的博大辽阔、美丽富饶以及悠久的历史和光辉的成就，抒发了对伟大祖国无比热爱的感情。本文是诗歌，教学时切忌横讲解、竖分析，重要的是引导学生读好诗歌，在读中体会、感受祖国的伟大。面对不太出家门的农村孩子可运用一些音像、语言资料来让他们身临其境般地领略祖国山河的壮丽、物产的丰富、历史的悠久。

第一课时

课前准备：看雄伟的天安门图片，听《大中国》。

（课前通过音乐、图片创设良好的情景把学生带入诗中的情景。）

师：（激情演唱《大中国》）"我们都有一个家，名字叫中国……"每当听到这熟悉的旋律，老师都会情不自禁地唱起这首歌，因为"中国"这个名字，对于所有华夏儿女来说，是多么亲切！在升旗仪式时，同学们在《义勇军进行曲》的旋律中，一定无数次默念着它。你的心中是否也涌起了阵阵波澜，想高歌一曲，来赞颂我们伟大的母亲——中国呢？相信你若读了《我们爱你啊，中国》，一定会产生强烈的共鸣。今天我们要学习这一首歌唱祖国的诗歌。

（读题《我们爱你啊，中国》）

（评：教师的激情导入为学习诗歌打下了良好的基调。让学生深情地、高昂地读题，潜移默化地感受诗中的爱国情感。）

师：每当打开课本，看到这激扬的文字，老师都想大声朗诵，想听吗？

（教师配乐《我爱你，中国》并朗诵诗歌。）

（评：教师的范读引领学生走进诗中情景。）

生：（学生齐读。）

生：（学习第一小节。）

师：（多媒体出示第一段，教师范读后让学生自由读这小节，边读边想象诗中描绘的画面。）

生：（交流脑海中出现的画面，以及读后的感受。）

师：（多媒体演示文中的画面，感受祖国的幅员辽阔。）

生：（试背第一小节。）

师：（一句诗就是一幅画，让学生读诗后想象诗中画面，留给学生丰富的想象空间。交流后再看多媒体画面让学生真切感受到祖国的幅员辽阔。）

生：（学习第二小节。）

师：（引读课文。）

师：读了这一小节，你的脑海中出现了哪些画面？全班交流。

（多媒体演示诗中描绘的画面，感受祖国山河的壮丽。）

师：你还了解哪些祖国的名胜古迹、名山大川？

生：（仿照第二小节写法，创作一段小诗，然后全班交流。）

（评：通过学习诗歌，多媒体演示感受祖国山河的壮丽，再交流自己了解的祖国的名胜古迹、名山大川，进一步感受祖国的大好河山，并为仿写打下基础。模仿诗歌进行创作，虽有一定难度，但学生有兴趣，教师要求不高，能写几句就写几句，学生很乐于创作。）

生：（学习第三小节。）

生：（齐读。）

生：（交流脑海中出现的画面。）

生：（多媒体演示诗中描绘的画面，感受祖国丰富的物产。）

师：说说我们伟大的祖国还有哪些物产？

生：（仿照第三小节写法，创作一段小诗，然后交流。）

（评：有了前面的仿写经历，学生再写时，文思泉涌，在创作的过程中又一次领略到中华大地的物产丰富。）

生：（学习第四、五、六小节。）

生：（自由读诗。）

生：（想象画面，小组交流。）

生：（多媒体演示诗中的画面。）

生：（仿照课文，创作小诗。）

生：（全班交流。）

（评：有了前面的学习铺垫，再放手让学生自由学习四、五、六小节，小组交流学习经验，体会并创作诗。学生学得轻松自然，而且感受到祖国异彩纷呈的民族风情，以及源远流长的五千年的文化。）

生：（学习第六小节。）

生：（齐读。）

师：交流读了这段你体会到什么？

生：（齐背。）

师：（过渡：学到这儿，你的心情如何？）

生：（学习第七小节。）

师：我们自豪地、骄傲地齐读课文。

生：（读了这小节，谈谈自己的体会。）

（评：通过学习，学生感受到祖国的地大物博、民族众多、文化深厚，骄傲自豪之情溢于言表，这种情感在齐读中得到共鸣。）

生：（欣赏歌曲《我爱你，中国》。）

生：（听歌曲，读歌词。）

（评：歌曲欣赏，调节了课堂气氛，爱国之情在歌曲中升华。）

师：（布置作业。）

（1）有感情地朗读背诵课文。

（2）完成自己课上创作的诗歌。

（3）我们家乡也有着百年的历史，也有着各种物产，也有着先贤名人，也有着美丽的风景，你能模仿《我们爱你啊，中国》的结构，以赞美家乡为主题，写一首诗吗？试试看。

（评：让学生写赞美家乡的诗，由仿到创，学生经历了课上的学习，创作诗歌有了一定的经验，家乡的风土人情学生比较熟悉，因此，能创作出具有一定质量的诗歌。同时，创作诗歌的过程也是爱国、爱家乡的情感内化的过程。

第二课时

师：通过上一节课的学习，说说这首诗从哪几方面来介绍我们祖国的？

生：课文从幅员辽阔、山河壮丽、物产丰富、民族多样、历史光辉、成就伟大这几个方面来写的。

师：首先让我们来欣赏一下祖国的壮丽山河。我请一位同学读读第二小节。

生：（读第二小节。）

师：透过文字你们看到了什么画面？

生：我看到了清奇俊秀的桂林山水。

生：我看到了浓妆淡抹的杭州西湖。

生：我看到了我们伟大民族的母亲河。

生：我看到了黄山和庐山。

（评：老师带着激情去引导学生展开丰富的想象，由课文联想到祖国山河的美好画面，触发学生的发散性思维。这正是与新课标要求的发展学生的能力相一致的。）

师：这些景色大家都知道，你们想不想谈谈具体的景色？

师：赞颂长江和黄河的诗句有很多的，你记得多少呢？

生：白日依山尽……

生：黄河之水天上来……

生：孤帆远影碧空尽……

师：黄山、庐山的云雾缭绕谁感受过呢？

生：我想到了一句诗"不识庐山真面目，只缘身在此山中。"

生：我知道黄山有四绝：奇松、怪石、云海、温泉。

师：还有谁谈谈自己的感受？

生：我知道"桂林山水甲天下"。

生：桂林也有四绝：山青、水秀、洞奇、石美。

师：看到祖国如此壮丽的山河，你有什么感受？

生：我为自己生在这样美丽的国土上而骄傲。

师：带着你的感受读一读。

生：（有感情地朗读第二小节。）

师：谁也想试试。

生：（再读第二小节。）

师：我们一起来感受一下祖国的山河壮丽。

全班齐读。

（评：诗情在这里迸发，学生受到诗歌意境的感染，想到了许多歌颂祖国大好河山的诗句。在老师的引领下，学生走进诗歌美妙的王国。这时全班自然而然地齐读，课堂就有了声势。）

师：除了诗里写的，你还知道哪些祖国的美丽风景。

生：我知道有风景如画的九寨沟。

生：北京长城的威武雄壮、秦兵马俑的惟妙惟肖……

师：我们能不能把这壮丽的山河记在我们心中。

生：（练习背诵第二自然段。）

师：（小结学法：朗读诗句，理解词语。展开想象，再现画面。联系积累，丰富画面。感情朗读，联系背诵。）

师：下面请大家运用此学法，自学第三、四节。再交流讨论。

生：（自学第三、四节。）

师：下面我们来谈谈自己的感受。

生：透过文字我似乎闻到了龙井茶的清香，茅台酒的醇美。

生：我仿佛手捧天工巧夺的景德镇陶瓷，身穿光洁绚丽的江南丝绸。

生：我来到了大草原，吟诵起诗句"天苍苍，野茫茫，风吹草低见牛羊"。

师：带着这样的感受自己读读第三、四节。

生：（有感情地朗读第三、四节。）

生：（背诵第三、四节。）

师：著名诗人艾青说过："为什么我的眼里常含着泪水？因为我对这土地爱得深沉。"我们来研究一下五、六小节。

（评：老师引用著名诗人艾青的诗句恰到好处，与课堂营造的氛围相得益彰。）

生：（默读五、六小节。）

师：通过研究，大家感受到了什么？

生：中国的历史非常悠久。

师：我们的历史非常悠久，知道什么是"编钟"？改革开放谱写的新歌，知道我们的改革开放谱写了哪些新歌？

生：改革开放后人民生活水平提高，中国加入WTO，经济迅速增长。

生："滚滚春潮"，我们知道改革开放的喜人局面和火热的经济建设。

师："松树的伟岸、梅花的高洁，博大的胸怀、恢宏的气魄"，反映了中华民族的什么精神？

生：刚强不屈、纯洁高尚、胸襟博大、气魄恢宏。

师：举个例子说说这些精神。

生：（举例。）

师：朗读第二至六节，进一步体会祖国的可爱。练习背诵。

师：（过渡：学到这儿，你的心情如何？）

生：我们感到无比的骄傲……

师：朗读第七节，说说"骄傲、自豪"是针对什么说的？"奋发、开拓"又是针对什么说的？

生：（交流。）

师：哪些事例说明"你是世界民族之林的强者"？

生：神州载人飞船屡次成功飞天。

生："嫦娥一号"探月卫星实现太空绕月飞行。

生：中国人创造性地进入太空行走……

师："我们爱你啊，中国"在全诗中有何作用？

生：总结全诗、呼应开头、升华主题。

师：让我们带着这份情感朗读最后一节，表现豪迈之气，和为振兴中华而努力奋斗的坚定决心。

师：下面请大家将整首诗连起来读一读。

生：（读全诗。）

师：最后让我们来欣赏歌曲《大中国》。（播放歌曲）

师：（总结课文，升华感情。）

师：学了这首诗，想不想也当一回诗人，仿照第二至六节写一到两首诗歌。

生：（练写、交流。）

师：因为祖国幅员辽阔、山河壮丽、物产丰富、文化灿烂、民族伟大，使每个中国人为之骄傲、自豪。最后，让我们对祖国深情地道一声：我们爱你啊，中国！（生齐读课题）

师：下课！

评析：

这是一篇原生态的、纯粹的课堂实录，我们看到了教师带着激情教诗歌以及对诗歌的准确感悟，这些激情和感悟也感染了学生。《我们爱你啊，中国》是一首诗歌，作者以饱含激情的笔墨赞美了祖国的美丽富饶以及悠久的历史、光辉的成就，抒发了对伟大祖国的无比热爱之情。全诗语言凝练形象，结构完整紧凑，感情强烈，富有节奏美和韵律美。

第一课时教学过程以读为主，先读再想，留给学生想象的空间，再通过多媒体的演示让学生真真切切感受到祖国的博大辽阔、美丽富饶以及悠久的历史和光辉的成就。让学生仿写，在调动了学生已有知识经验的同时，也进一步感受到祖国的伟大。最后通过欣赏歌曲《我爱你，中国》，学生的爱国之情在优美的歌曲声中得到升华。

第二课时，教者既注重了学生的朗读，又注重学生朗读习惯的培养，在读书时还要求学生们"不动笔墨不读书"。当然，这需要长期的坚持，这也需要教师的不断督促。为了更好地让学生学好这篇课文，教者选了几节具体讲，然后再放手让学生去自学其他自然段，举一反三。如教学第二小节时，教者让学生联系生活体验和头脑中的诗句谈阅读理解，学生想到了不少，"桂林山水甲天下"，"上有天堂，下有苏杭"，"欲把西湖比西子，淡妆浓抹总相宜"，"五岳归来不看山，黄山归来不看岳"，"不识庐山真面目，只缘身在此山中"，"孤帆远影碧空尽，唯见长江天际流"，"黄河之水天上来，奔流到海不复回"等。同时联系诗句，让学生更能体会词语意思，如"浓妆淡抹""波澜壮阔"，同样更能感受桂林山水、杭州西湖、黄山、庐山以及长江、黄河的独特魅力。

在教学过程中，教者还做到读写结合，仿照第二至六自然段的诗歌形式要求学生写诗，达到了教学的又一个目的：学以致用。学生仿写能力比较强，只是因为知识面的狭隘，局限于身边的事物和学过的知识，拓展得不够宽泛，使诗句在表达中显得指向不明，大小范围不一。但是，这已经足够了。在儿童文学视野下，我们的诗歌教学是带领学生寻觅诗意，酝酿诗情，铸炼诗性，使他们的人生诗意地栖息在大地上。

第六章　小学语文教材中的散文教学

我记得有一幅油画，名字叫《星空》，作者是19世纪人类最杰出的艺术家之一——荷兰画家凡·高。凡·高在创作这幅画时，将星星、树林、土地都做了感情化处理，全用具有动荡感的笔触表现，这显然是在宣泄他内心的激情。

我记得有一首乐曲，名字也叫《星空》，是理查德·克莱德曼这位来自法国的钢琴演奏王子的作品。钢琴王子以他深沉而激情的演奏、优美而抒情的旋律、刚劲而悠扬的音韵，让人们沉浸在如梦一样宁静而祥和的世界，灿烂的星星再一次布满了心灵的天空。

德国古典哲学家康德曾说，在这世界上最令他敬畏的是两件事情，一个是头顶上灿烂的星空，一个是内心深处崇高的道德。远古人类认识自然从天文、星象开始，星空是文明的源头。现代人呼唤道德回归，其实正是呼唤人类社会童年时代的那片星空，以求返璞归真。

我们把儿童散文比作童年的星空，是因为散文中有凡·高的激情，有理查德·克莱德曼的梦境，也有康德的哲理沉思。散文呈现出独特的风采神韵，我们称之为气韵，这是散文最重要的一种内在美品质。正如佘树森所描述的："作者的内情与万物、心声与天籁的融合，都是暗暗透入文字中的一种情调和气氛。"这"万物"，这"天籁"，都存在于星空。我们要带领儿童去仰望，去寻觅，去引发学生心灵的颤动。

我们认为，在儿童文学视野下，诗情与哲思，是小学散文教学的内核。语文美育的实质，就是在语文学科教学中遵循美的规律，通过各种美的形态所进行的师生和谐的语文教育活动。而其中的散文则是一切文体中最自由、最活泼的一种文体，是自有文明以来生命力最旺盛、最长久的一种文学样式。在小学散文教学中，我们应当牵手儿童去寻觅诗情与哲思，培养学生的审美情操和美的素质。

第一节 牵手儿童仰望文学星空中散文的艺术特质

在小学语文教材中，儿童散文占有大量的篇幅。儿童散文属于散文大家族中的一支。散文在概念上有广义、狭义之分。广义的散文是指包括报告文学、传记文学、杂文、随笔、游记、科学小品、文艺通信等在内的一切用散文语言形式写作的文章体裁；而狭义的散文则专指那类以记叙和抒情为主、形式短小灵活、语言自由的文学体裁。儿童散文就其一般特征来说，与成人散文并无区别。但由于读者对象的特殊性，它又表现出自己独特的审美品格。

一、情感抒发需得到儿童认同

儿童散文的形式活泼多样，表现手法不拘一格。但无论哪种形式都离不开浓烈的抒情。作者必须饱含感情，写出激动、喜悦、思虑和悲愁之真情，正是"有什么可乐的事情，不妨写出来，让天下小孩子一同笑笑；有什么可悲的事情，也不妨说出来，让天下小孩子陪着哭哭"。（冰心语）情真则文真，情低俗则文无高格。许多儿童散文以其抒情意味浓烈而感动了小读者，使之情感上产生共鸣。比如陈丹燕的《中国少女》，以其深情的笔触，写出了当代中国少女"生命的美，青春伊始的美"。她们挣脱枷锁，追求"自由世界"，"不受禁止"。作者最后写道："我曾经是中国少女，她们现在正是中国少女，我感到一阵心酸，一阵欣慰。"意重情真，打动人心，赢得了小读者感情上的认同。儿童散文比较重视间接抒情，或托物言志，或借景抒情，或寄情于娓娓的叙事中，在字里行间流露真情。比如任大霖的《芦鸡》，似乎只重记人叙事，不重情感的渲染。通篇犹如讲述故事，有人物，也有情节，却很少主观地抒写情怀。其实，情感就渗透在对于客观事物的叙述中。文中有这样一段文字：

> 那时候，燕子在我们的檐下做了一个巢，飞进飞出地忙着。只有当燕子在檐下"吉居吉居"地叫着的时候，小芦鸡才比较的安静。它往往循着这叫声，侧着头，停住脚，仔细听着。燕子叫过一阵飞出去了，小芦鸡却还呆呆地停在那儿好一会。它是在回想那广阔河边的芦苇丛，回想在浅滩草巢中的妈妈吗？

这是在叙写小动物酷爱自由的天性，也浸透着作者对于人类社会某种追求的联想。这段文字以平实朴素的叙述吸引读者，感染读者，沟通读者和作者的情感。许多具体作品中的抒情，往往是兴叹兼之，情、景、物、事、议交错穿插的。这类作品，以鲁迅的《风筝》较为典型。它有"景"——先写北方的风筝时节：地上还有积雪，灰黑色的秃树枝丫杈于晴朗的天空中，而远处有一二风筝浮动。再写南方的风筝时节：

> 早春二月，倘听到沙沙的风轮声，仰头便能看见一个淡墨色的蟹风筝或嫩蓝色的蜈蚣风筝。还有寂寞的瓦片风筝，没有风轮，又放得很低，伶仃地显出憔悴可怜模样。但此时地上的杨柳已经发芽，早的山桃也多吐蕾，和孩子们的天上的点缀相照应，打成一片春日温和。

由这样的"风筝环境"中引出了"风筝故事"来。它有"事"——他想起的一段往事：小时，他"破获"了小兄弟偷做蝴蝶风筝的"秘密"，伸手折断了蝴蝶的一支翅骨，又踏扁他的风轮。如今人到中年，他为自己当年的"精神的虐杀"这一幕而深为悔恨。但忏悔已失去了必要，他为此感到无可补偿的悲哀。在这样的物境中，糅合着、奔涌着不可扼制的"情"：

> 现在，故乡的春天又在这异地的空中了，既给我久经逝去的儿时的回忆，而一并也带着无可把握的悲哀。我倒不如躲到肃杀的严冬中去罢，但是，四面又明明是严冬，正给我非常的寒冷。

在情、景、物、事、议这样的结合中，景、物、事就成了情感产生的根据。否则，抒情就不见得扎实，不扎实的抒情也就不容易感动小读者。因此，儿童散文是能使儿童情感上认同的抒情，可使儿童受到情的感染和陶冶。

二、诗意美景需富有儿童情趣

散文中蕴涵的深刻的思想、激越的情感，通过具体描写表现出来，达到情景、物我的和谐交融，这种境界和情调就是意境，散文就是美文。儿童散文追求诗意美，就是追求像诗里表达的那样富有儿童情趣的、给小读者以美感的意境。那是一种艺术的境界。有人说："真正的散文是充满诗意的，就像苹果饱含着果汁一样。"读者只要"缓缓咀嚼一番，便会有浓密的滋味从口角流出"！（朱自清《山野掇拾》）因此，优秀的儿童散文要以其优美的诗意打动小读者，使之在丰富的联想和强烈的共鸣中，得到思想、艺术上的满足和享受，获得美感。

当然，"不要从狭义方面来理解诗意两个字。杏花春雨，固然有诗，铁马金戈的英雄气概，更富有鼓舞人心的诗力。你在斗争中、劳动中、生活中，时常会有些东西触动你的心，使你激昂，使你欢乐，使你忧愁，使你深思，这不是诗又是什么"？（杨朔《（东风第一枝）小跋》）许多儿童散文作者都致力于充满儿童情趣的意境的创造。例如吴然的《珍珠雨》：

"下雨了！下雨了！"小鸟扇着潮湿的风，飞过河去，向朋友们报告下雨的喜讯。淡蓝色的、温暖的夏雨呵，紧跟着小鸟的飞翔，笼罩了河面和水塘，笼罩了田野，笼罩了我们的山村和村后的树林。

一片雨的歌唱。万物都在倾听……

"雨停了！雨停了！"

小鸟扇着雨后的阳光，从一道彩虹里飞出来。

天多明净，遍地阳光。珍珠般雨点，一颗一颗挂在草叶上，挂在花瓣上，挂在柳条上，挂在一匹刚从雨里撒欢回来的小红马身上，挂在房檐口上……哦，下了一场太阳雨，下了一场珍珠雨呵！

蜜蜂说，金盏花、牛眼菊、山玉兰们更香了。

小马驹、小牛犊和小山羊说，奶浆草、狗尾巴草、三叶草们更嫩了。

草莓说："还有我，更甜了！"

这篇短文用孩子梦幻般的眼光欣赏世界，用孩子水晶般的心灵感受生活：在那淡蓝色的雨景和雨后七彩世界所构成的旖旎画面中，活动着小鸟、小红马、蜜蜂、小马驹、小牛犊、小山羊等可爱的小生灵，他们都有一颗稚趣、纯真的童心。这一切使这篇短文洋溢着童话般的诗情画意，灵动鲜活地回旋着儿童盎然的情趣，在平凡中有一种真切而脱俗的美丽。

三、叙述方式需带有故事情节

儿童缺乏成年人的耐心，他们喜欢听那些引人入胜的故事，只有新鲜的故事，才容易吸引他们的注意力，而不至于厌倦。儿童散文中常常有故事情节的片段描写，像西双版纳密林中斗蟒的故事、大兴安岭林区被熊瞎子包围的故事等，都能博得小读者的欢心。有些儿童散文即使是很严肃的、很有教育意义的内容，也多采用带有故事性的叙述方式。如黄秋云的传记体散文《高士其伯伯的故事》就是如此，具备了吸引小读者读下去的力量。他讲高士其的身体状态时，是这样开始的：

高士其伯伯靠在一张藤椅上，微笑地望着你，但是他没有站起来，也没有跟你点头打招呼。原来高士其伯伯的身体很不好，他得病已经多年了。他现在自己不能走路，行动只能靠一辆特制给病人用的手推双轮车，让人家推着走。他不能像正常人似的讲话，只能从喉咙里发出唔唔哼哼的声音……他的眼睛也不好，闭上了就张不开，要旁人给他按摩好一会才能看到东西，他的左耳也已经聋了。

讲了这些之后，作者直接对小读者讲话了："亲爱的读者啊，你试想想看，要是别人像高士其伯伯那样，早就痛苦得活不下去了。但是高士其伯伯一点也不悲观……是什么精神力量支持着他呢?"作者采用了儿童们最喜欢的说故事的叙述方式，使作品寓教于乐。

带有故事性的叙述方式，在任大霖的散文《多难的小鸭》中更有体现。这篇散文叙述了这样一个故事："一只小鸭被老鼠咬了，奶奶用万金油把它治好了，它又跟着别人跑，结果被一个老头踩了翅膀，后来它去玩水，又掉进了阴沟中……"这只小鸭坎坷的经历读起来曲折有趣，看上去似乎没有太多的思想教育意义，但能激发孩子们纯真的审美情趣，激发他们对生命的爱和热情，具有很强的艺术感染力。

四、语言表达需具有示范作用

在语言上，儿童散文崇尚在优美中见朴实，活泼中透简约，规范中求自然。语言表达对儿童语言能力的培养具有特殊的示范作用。如桂文亚《感觉的盒子》中写一个穿着木屐、闭着眼睛走路、"自己和自己玩游戏"的小女孩的内心感受：

我仰着脸，闭着眼，让太阳暖烘烘地晒着。这时候，眼前是一片猩红，而这一大片红里，又出现了一个会跑路的小黑点，我闭着眼睛"看"着这个小黑点，小黑点开始逃走，我追着它，一会儿追到上面，一会儿追到下面，脚步也开始加快，我觉得自己快要跌倒了，赶快睁开眼睛，哈！直直的一条路，被我走歪了。

语言朴实简约又自然从容，充满着一种儿童化的俏皮欢快。

第二节　牵手儿童探寻写景散文中的风光和感悟

在小学教材写景散文中，我们窥见作者走进自然风光，感悟心性融通。那一篇篇文质兼美的写景散文，处处洋溢着浓郁的诗情。在课程改革的大背景下，小学语文教学中已经淡化对文体的具体要求。学生在写作上有了很大的选择空间，无形中解放了学生的灵感，使学生想写则写。既然如此，我们为什么还要把散文这一具体的文学体裁独立出来做研究呢？

我们打开小学语文课本仔细品读一下，不难发现散文还真不少，特别是中、高年级的课文中散文占有一定的比例。如作家叶圣陶优美流畅的游记作品《记金华的双龙洞》，宗璞的娟雅清秀的《西湖漫笔》中的《西湖的"绿"》，许地山朴素平直的《落花生》，朱自清经久不衰的《匆匆》，老舍反映蒙汉人民情谊深的《草原》，还有《桂林山水》《可爱的草塘》《山雨》……有的清新娟秀，有的深厚凝重。这些课文读起来朗朗上口，文字十分优美，令人禁不住向往文中的美景，由此产生爱慕之心。但其理解起来可就不是件容易的事了，尤其是写景散文。

我们认为"散文"换而言之称为"美文"并不为过。每一篇散文都是一个培养学生审美能力的好素材。在一篇语言非常美的文章里，或是与作者同游美景，或是与作者谈人生。这丰富了学生的知识，开拓了学生的视野，陶冶了学生的情操，教育了学生如何做人。同时，学生在学习过程中感受美、领略美、学习美（美的语言、美的品德），确实是一件美好的事情。我们的写景散文教学，就是要牵手儿童探寻写景散文中的风光和感悟。

一、推敲传神的词语

一般来说，诗人和作家都十分注重用词的传神，它的精妙之处就在于既形象又包含丰富的内容。课文《美丽的小兴安岭》里，作者这样写："春天，树木抽出新的枝条，长出嫩绿的叶子。""夏天，树木长得葱葱茏茏，密密层层的枝叶把森林封得严严实实的，挡住了人们的视线，遮住了蓝蓝的天空。""秋天，白桦树和栎树的叶子变黄了，松柏显得更苍翠了。""秋风吹来，落叶在林间飞舞。""冬天，雪花在空中飞舞。树上积满了白雪。"这些句子中的"抽出"，把枝条快速长出来的情况写了出来，非常形象、生动。"封"一字既形象地表现了树木遮天蔽日、又密又厚的景象，又显出了树木在夏天生长的勃勃生机。"飞舞"表现了雪花的悠悠飘落，表达了一种活泼、快乐的情绪。而"积满"体现了小兴安岭冬天雪大、树白的特点。对这些词语，我们如不引导学生认真琢磨，就很难体会出文章所表达的美感。

二、欣赏优美的句子

生动的语言总是依靠优美的句式来表现。有的句式对称，讲究工整美，有的句式参差，讲究段落美。如《桂林山水》这一课，作者不仅用词十分传神，而且句式也非常讲究。在写出"山、水"这两段中，恰到好处地运用了工整的排比，朗朗上口的语感，把水"静、清、绿"和山"奇、秀、险"的特点描绘得淋漓尽致。在教这类句子时，我们要引导学生反复诵读，分析各分句之间的结构联系，使学生充分回味其优美韵味，在欣赏中得到美的熏陶，从而激发学生热爱桂林山水的强烈情感。

三、诵读感人的段落

情感体验是阅读教学中不可忽视的心理因素，是对学生进行美育教育的一个重要途径。而诵读课文又是体验情感的有效方法之一。我们引导学生反复诵读课文，就是要使学生在语言文字的训练中，更好地获得学习语文的能力，并且使学生受到思想情感上的陶冶。

（一）范读

教师的范读作用是不可低估的，它能引发学生情感，使学生、老师、作者三者之间产生情感共鸣。同时，通过范读，学生也会模仿教师的一些朗读技巧，提高学生的朗读水平。如《山雨》中的句子十分优美，但运用了很多排比句、比喻句。文中有对景物的实实在在的描写，有作者对景物的突发联想，学生不好理解，对课文的朗读兴趣也会降低。教师在范读之前应认真"备读"，反复研究朗读的语气、语调，发挥出最佳的水平，让学生听了以后，产生强烈的想读好的欲望，达到以读促读的目的。

（二）自读

听了范读后，学生模仿自读，去揣摩作者的情感，使他们进一步受到文中的情感熏陶，"动口又动脑，学习不得了"。《草原》赞美了草原的自然美和人情美，"人情美"主要表现在"欢迎远客""亲切相见""热情款待""联欢话别"中。通过学生的自我研读就能准确地体会"人情美"，从而把握住作者表达的思想感情。

（三）引读

对一些特殊的、说明问题或表达文章主旨的句和段的引读，能直接抒发作者与读者的真善美情感。如《白杨》一课中爸爸谈论白杨的话是课文的重点。引读这些句子，启发学生归纳这段话里所表达的白杨树的精神。然后，引导学生读课文第十六到十八自然段，文中写道："他们只知道爸爸在新疆工作，妈妈也在新疆工作。""这儿需要它们，它们就在这儿生根了。""爸爸一手搂着一个孩子，望着窗外闪过去的白杨树，又陷入沉思。""在一棵高大的白杨树身过，几棵小树正迎着风沙成长起来。"通过对这些句子、段落的引读，学生就能明白文中的爸爸不仅是在介绍白杨树，更重要的是借白杨树展现自己的内心世界。

（四）议读

通过评议朗读，让学生自己体会怎样诵读更能体验文章的情感。《珍珠泉》这篇课文的语言生动活泼。教师要指导学生读出美感，读出情味，就要让学生把自己认为好的语句画下来，多读几遍，并且和大家交流自己为什么喜欢这些句子，怎样读才能表达出作者的感情。在讨论和交流中，珍珠泉的美丽和可爱在孩子们的朗读中更能准确地体现出来，从而培养学生对大自然的热爱。

第三节　牵手儿童探寻抒情散文中的形迹和神韵

散文的艺术特质是形散而神不散。"形散"主要是说散文取材十分广泛自由，不受时间和空间的限制，表现手法不拘一格，可以叙述事件的发展，可以描写人物形象，可以托物抒情，可以发表议论，而且作者可以根据内容需要自由调整、随意变化。"神不散"主要是从散文的立意方面说的，即散文所要表达的主题必须明确而集中。无论散文的内容多么广泛，表现手法多么灵活，都是为更好地表达主题服务的。小学语文教材中，有不少语言优美、情感真挚的儿童抒情散文。它们短小精炼，或托物抒怀，或景中寄情，或叙事寓理，具有很高的审美价值。我们的抒情散文教学就是要牵手儿童探寻抒情散文的形迹和神韵。

一、整体阅读，理清文章思路

叶圣陶先生指出："作者思有路，遵路识斯真。"因为散文具有形散神不散的特点，所以理清文章思路助于领会作者的立意。教师应教给学生整体阅读法，让他们抓住文章线索，并顺着线索层层领会。

（一）从题眼入手，展示全文脉络

如在《可爱的草塘》一文的教学中，一开始就抓住题眼"可爱"设问：草塘的"可爱"在哪里？接着引导学生迅速而有序地捕捉到草塘的"可爱"表现在：景色之美丽，物产之丰富，风光之奇特。然后让学生根据这三方面划分课文层次，让学生明白这是以作者所见所闻为线索组织材料的。

（二）抓过渡句式，理清作者思路

借物喻人的抒情散文《白杨》一文虽然只有900多字，但状物、写人、抒情、论理的内容很大，因此教此文时可直奔过渡句："爸爸是在向孩子们介绍白杨树吗？不是的，他也在表白着自己的心。"这句话是全文的线索，贯穿了全篇。紧紧抓住这一线索，就将"形"串起来了。因此，本文的阅读思路十分清晰：第一步懂得怎样介绍白杨，第二步懂得怎样表白爸爸的心。同时让学生懂得，全文先由外到内揭示白杨的品质，再由物及人展示边疆建设者的崇高思想境界。这样，从整体着眼组织阅读，学生既理清了文章脉络，掌握了课文内容，又初步学会了此类课文分段的基本方法。

二、抓住重点，品析词句

抒情散文中有许多词句用得非常准确且贴切，教师应该"咬"住这些词句，让学生在语言环境中领会文章的思想感情，从而在情感上与作者产生共鸣。

（一）抓重点词语的理解

词语是语言的基础，而语言是思想感情的表达。要想很好地理解语言的含义，就得从理解词语入手。如教《再见了，亲人》的第一段时，为了使学生领悟大娘对志愿军慈母般的关怀，教师应抓住"雪中送炭"这个词设问：什么叫"雪中送炭"？战士们把什么称作"雪中送炭"？引导学生讨论清楚：大娘在战士们饿了三天三夜急需食物时，不顾自己生命安危，在猛烈的炮火中送打糕到阵地上，这种"雪中送炭"就是慈母般的关怀。同时，还可以抓住"唯一"一词，设置问题：当敌机轰炸时，大娘为什么丢下自己的小孙孙呢？她不爱自己的小孙孙吗？在大娘心中，志愿军和小孙孙谁重要？让学生品析词义，分析课文，了解小孙孙是大娘仅有的亲人。但在面临敌机轰炸的危险时，在自己唯一的亲人和志愿军伤员之间，她毫不犹豫地先救下了志愿军伤员。为此，她心爱的小孙孙被敌机炸死了。在大娘的心中，志愿军伤员的生命安危比自己唯一的小孙孙还重要。通过分析重点词，学生深深体会到大娘对志愿军战士那如山高海深、不是亲人胜似亲人的感情。

（二）分析修辞手法的妙用

由于作者在生动准确使用语言文字的前提下积极修辞，散文的语言具有特殊的审美效应，教师应该引导学生加以品析。如《花潮》中，作者在文中巧妙地运用了拟人、比喻、排比等修辞手法，使"生命力"这个看不见也摸不着的东西变为可触、可及、可感的具体事物。因此，教这一课时，可重点分析修辞手法的妙用。

了解拟人句的妙用。"每棵树都在微风中炫耀着自己的鼎盛时代，每一朵花都在枝头显示着自己的喜悦心情。"作者在这里已经赋予海棠花以人的动作、神态，他已将树和花人格化了。"炫耀""显示""鼎盛时代"和"喜悦心情"这些词语形象地表现了海棠花生命力之旺盛。

理解比喻句。"有风，花在动；无风，花也潮水一般地动。""在阳光的照射下，每一个花瓣都有它自己的阴影，就仿佛多少波浪在大海上翻腾。"作者把花的动态比作潮水，比作大海上的波浪，可见海棠树之多，海棠花之美。教学这两个比喻句时，首先要指导学生掌握作者将什么比作什么，然后着重体会为什么"无风，花也潮水一般地动"。作者这里要表现的是生命力很强的海棠花蕴含着勃勃生机。

品析排比句的作用。作者"淹没"在"红海"中，除了看到的以外，还听到了多种声音交织在一起的潮声。文中三个"也许"和一个"还有"，构成了一个排比句式，再一次揭示了海棠花的勃勃生机。教学时，应该指导学生反复朗读、品味。

（三）品味中心句的含义

散文中有些重点句子具有言外之意，含而不露，留给我们想象的余地。如《白杨》一文中"不是的，他也在表白自己的心"这一句话，表面上看是说爸爸在表白自己的意愿、志向，实际上这里爸爸的"心"应指自己像白杨一样，已扎根边疆，建设边疆。同时希望自己的孩子们长大后也像白杨一样，在边疆安居乐业，也就是希望边疆建设事业后继有人。

对这样含义深刻的句子，教学时务必引导学生一步步品析、体会。

三、读出感情，品出情理

有感情地朗读，读的是作者的语言，同时包含了学生的主观感受。他们往往用恰当的语调、语速、语气，来抒发对作品中人物、景物热爱的或者憎恨的，喜悦的或者悲伤的，同情的或者厌恶的，留恋的或者憧憬的情感。而所有这些，必须依靠教师在朗读方面加强指导和训练。

（一）有感情朗读，读出"神韵"

我国在诵读课文上，历来讲究领悟语言的神韵。"读悟其神"，这是由汉语言本身的丰富性所决定的。教师要使学生在老师的引导和自身的情感驱动下，全神贯注地注意那些深浸着作者情感的词句。因此，在精读时，要引导学生更深地了解语言的色彩，使他们已激起的情感深化。如教学《趵突泉》一文后，可指导学生用明快有力的语调朗读描写大泉的句段，读出大泉不可抗拒的伟大力量，感受语言的阳刚之美；指导学生用天真活泼的语调朗读描写小泉的内容，体会小泉优美且动人的姿态，感受语言的优柔之美。又如学习《火烧云》第一段时，可领着学生朗读，让那瑰丽多姿的火烧云再现于学生的脑海，让美丽的云霞陶冶学生的情操。而学完第二段后，着重抓住火烧云形态变化的句子来指导学生进行朗读：读火烧云变成"马"时，指导学生读出"马"的变化多姿。这里"跪着——站起来""大起来——伸开了——也长了——不见了——"应读重音，让学生在朗读中感受火烧云的动态美。

（二）有感情朗读，读出真情

指导学生有感情朗读的过程，其实也是学生感情由内到外的变化、显现的过程。因为只有动了真情，才能读出真情。如《十里长街送总理》文中，作者描写了长安街两旁为总理送别的人群的悲伤神情，多感人的场面啊！那么多的人不约而同地流泪、哭泣、追灵车，再加上阴沉的天气，自然而然地使学生动了真感情，读出来的效果自然也就不一样。如果再加上教师的朗读指导和范读，就更能激发学生的真情感。又如《再见了，亲人》，魏巍笔下那一个个依依惜别的动人场面，那一件件令人难忘的往事，那一声声亲切的呼唤，无不深深地打动读者的心。由于课文是用志愿军向朝鲜人民话别的语气写的，故引导学生把自己想象成其中的一个志愿军战士，这样学生有身临其境之感，对课文的朗读就会更加投入。

四、读写结合，加深体会

"学以致用"是我国自古以来对做学问的看法，也是做学问的最终目的。对于抒情散文，不仅要教会学生有感情朗读，从中体会作者的思想感情，更要训练学生会写抒情散文。当然，一开始就要求学生达到名家的程度，那是不可能的。对于小学生的作文，尤其是记叙文，最好能够做到散文化、抒情化。即使学生一下子达不到要求，教师起码也要告诉他们这是个发展方向。这样，学生的作文就能做到，或者是基本做到"我笔写我心"，从而写出具有真情实感的文章。

第四节　牵手儿童探寻儿童散文中的诗情和哲思

《语文课程标准》提出：培养学生高尚的道德情操和健康的审美情趣，形成正确的价值观和积极的人生态度，是语文教学的重要内容，不应把它们当作外在的附加任务。小语教材中散文的教学十分重要。从数量上看，散文在小语教材中占有相当多的篇目，而且每篇散文在它所在的年级或单元，都占有相当重要的位置，是教学的重点，也是教学的难点。在文学审美活动中，正确地分析散文，有助于开阔视野，提高学生的鉴赏能力和写作水平，获得思想的启迪、审美的享受，并促使学生的审美情趣向高层次发展。可是散文的分析，正像散文的创作那样，没有固定的方法、程序。因此应当根据作品的内容和形式的特点，注意散文的特质，按照正确的思路，围绕着"表现什么"和"如何表现"这样的层次进行分析综合。在"表现什么"方面，我们可以围绕着散文的艺术境界，从客观描写中发掘作者的主观感受，体会文章的思想美；在"如何表现"方面，我们可以从"构思、意境、语言"等方面进行分析，体会文章的艺术美。

一、发掘物境和情境，体会散文思想美

散文所述是海阔天空的。不论是叙事散文，还是抒情散文，都往往选择"动情的事"中富有典型性的人事景物的片段，通过艺术的联想有机地连缀在一起，创造诗情与哲理相结合的意境，以抒发思想感情，并产生激动人心的力量，这正是散文思想美的集中体现。散文的思想美取决于散文的内容，体会散文的思想内

涵是散文美感教育的一个重要方面，可以让学生在发现美的过程中感受美，受到美的熏陶和感染，培养良好的审美情趣。

（一）理解重点句段，发掘作者人格之美

文学作品是作者心灵的反映。在引导学生学习散文时可结合加深重点句段的理解，感受作者独特的人格魅力、高尚的审美情操。如袁鹰的散文《黄河的主人》中这样描写羊皮筏子上的"艄公"："他专心致志地撑着篙，小心地注视着水势，大胆地破浪前行。""他凭着勇敢和智慧，镇静和机敏，战胜了惊涛骇浪，在滚滚的黄河上如履平地，成为黄河的主人。"在教学中，引导学生抓住这些重点句段进行理解，通过语言文字品悟作者对艄公"勇敢和智慧，镇静和机敏"的由衷赞扬和佩服。在作者的笔下，"艄公"被冠以"黄河的主人"，这也正体现了作者高尚的价值取向。

（二）深入文章中心，发掘作者人性之美

文学作品是作者心灵的反映，优秀的作品闪现着作者的人性之美。在引导学生学习散文时，要深入文章中心，发掘作者热爱生命、热爱自然、热爱生活的美好感情，这就是作者人性美的集中体现。如冰心的散文《只拣儿童多处行》讲了"我"游颐和园时的所见所闻，生动地描绘出儿童们生机勃勃、天真可爱的形象，并从中得到了不少乐趣与感受。阅读此文，如同在聆听一位爱好游园的老朋友跟你叙谈家常，在娓娓的叙述中偶尔发些议论，这些议论精湛而深刻，而你也不由得为其高尚的审美情趣而深深折服，肃然起敬。在教学中我们可用直扑中心的方法，让学生找出重点段落"当你春游的时候，记住'只拣儿童多处行'，是永远不会找不到春天的"。然后引导学生思考："为什么说只拣儿童多处行就一定能找到春天？"看看课文是从哪几方面表现中心的，重点体会文章所要表达的思想：儿童们与春天的花儿一样新鲜美丽，充满生机。通过这种方法，层层分析，结合朗读，从而让学生体会作者对生命、自然的热爱与赞美。

二、发掘意境和语言，品味散文艺术美

散文的思想美构成了散文的内容，而散文的艺术美则是散文思想美的一种表现形式。美感教育是一个比较完整的概念，因此在教学中我们既应该重视探讨散文的思想美，也应该重视探讨散文的艺术美。

（一）散文构思之美

我国南北朝时期杰出的文艺批评家刘勰曾经把构思称作"驭文之首术，谋篇之大端"（《文心雕龙·神思》）。对散文而言，构思之所以显得十分重要，是因为散文题材广泛，篇幅短小，更需要精选材料，巧妙谋篇。我们在散文教学中应重视发现散文的构思美，体会构思对更好地表现主题及增强艺术效果所起的作用。例如吴伯箫的散文《早》，作者没有简单地将文字停留在对三味书屋景物的描摹上，而是以一个"早"字引出鲁迅少年时的一件小事，凸现鲁迅先生可贵的精神特质，揭示"珍惜清晨，珍惜春天""时时早，事事早"的道理。在教学中，应着重引导学生思考：本文为何以"早"为题？结合本文巧妙的设计，引导学生逐步发现散文"因小见大""于细微处见精神"的巧妙构思。

（二）散文意境之美

意境美是作者的思想感情和所写的对象融合为一而产生的一种艺术境界。作者往往把自己的思想感情与作者所描绘的生活画面融汇在一起，形成了一种形神兼备、虚实结合、情理相生的艺术境界。它能使你感奋，使你欢乐，使你忧伤，使你热爱真、善、美，使你憎恶假、恶、丑。这就是意境美感的作用。那么，如何让学生发现散文的意境美呢？

第一，结合听说读写，发现散文意境之美。如烟台作家孙为刚的散文《烟台的海》，描写了烟台一年四季不同的海上奇观和丰富多彩的物质文化生活。那么如何在教学中让学生发现并感受文章优美的意境呢？我们可以结合听说读写的训练，体会本文的优美意境。讲读结合，了解冬之美。首先让学生对照题头照片自由读课文，通过读让学生思考："欣赏到烟台的海冬天的风光了吗？"看看哪些词语写了冬天的特点，接着学生边读边讲，说说这些事物构成了冬天什么特点？听读结合，了解春之美。首先让学生看幻灯片，听老师范读第三自然段，思考老师为什么用这样的语气来读，以读代讲，学生通过听范读和自由读来理解春天的特点。写读结合，了解夏之美。首先让学生速读默记描写夏天特色的词语后，做填空练习，接着朗读全段，对照挂图，思考夏天的特点，并引导学生讨论哪些词用得好，好在哪里。说读结合，了解秋之美。首先让学生对照挂图，先自由讲，然后个别说说："你看到的海是什么样的？你是如何来享受这秋海风光的？"学生边体会边感情朗读，在说读结合的过程中自然而然地感悟到秋海的特点，体会秋海之美。通过以上训练，学生结合听说读写训练，体会烟台的海一年四季的美景，从而对散文意境美有进一步的理解，在发现散文意境美的同时也受到散文意境美的熏陶。

第二，想象入情入境，发现散文意境美。如季羡林的散文《夹竹桃》是一篇写景状物、情境相生的范文。学生在体会月光下夹竹桃能引起"我"许多幻想时，可以结合课文描写，并凭借想象，充分感受"微风乍起，叶影吹动"时夹竹桃所展现在我们眼前的"活画"，并由夹竹桃之美领悟并发现作者对夹竹桃喜爱的原因。只有入情入境，才能和作者的思想感情产生共鸣，才能发现并体会散文的意境美。郭沫若有善于发现美、鉴赏美、评价美的眼睛和诗心，他用生动、形象、简洁和富于感情色彩的语言，艺术地再现了白鹭不同角度的美。他在散文《白鹭》的第六至九自然段中采用电影蒙太奇的艺术结构形式，巧将文字符号化作生动、清晰、优美的画面。学生在体会这些富有诗情画意美感效果的画面时，既要结合课文描写，又要发挥自己的想象，充分感受"白鹭是一首诗"带给我们的无穷韵味，感受作者在字里行间洋溢出的对白鹭的喜爱与赞美。

（三）散文语言之美

高尔基说："作为一种感人的力量，语言的真实美，产生于言辞的准确、明晰和动听。"准确、明晰、动听的语言，必然给人以视觉、听觉上的美感，这就是散文语言美的表现。在散文教学中，可以通过揣摩作者的表达效果和手法，体会语言美给人带来视觉、听觉的美感。散文语言之美分四类，一是散文语言的形式美和音乐美。散文的语言具有形式美，一般比较注重句式的培植，从而体现语言的整体美、参差美、回环美。二是排比句式形成语言的整体美。如谢大光的《鼎湖山听泉》："那像小提琴一样轻柔的，是在草丛中流淌的小溪的声音；那像琵琶一样清脆的，是在石缝间跌落的涧水的声音；那像大提琴一样厚重回响的，是无数道细流汇聚于空谷的声音；那像铜管齐鸣一样雄浑磅礴的，是飞瀑急流跌入深潭的声音。"作者运用排比句式形象地描写各种不同形象、富于变化的泉声，形成整齐美。三是长短句交错形成语言的参差美。如徐秀娟的散文《灰椋鸟》中写道："树林内外，百鸟争鸣，呼朋引伴，叽叽啾啾，似飞瀑落入深涧，如惊涛拍打岸滩，整个刺槐林和竹林成了一个天然的俱乐部。"作者运用长短句交错，将灰椋鸟归林后喧闹而热烈的场面表现得淋漓尽致。四是反复重复形成语言的回环美。如《碧螺春》写茶叶时选用"干而不焦，脆而不碎，青而不腥，细而不断"等词；写焙茶手技艺之娴熟时选用"忽而揉，忽而搓，忽而捺，忽而抓"等词，音调和谐，形成回环美。

不论整体美、参差美、回环美，都构成了散文语言的节奏感，再辅以和谐的韵律，朗朗上口，造就了散文语言的音乐美。在教学过程中，散文语言的音乐美应该通过反复朗读来体会，如范读、个人读、分组读、齐读、引读等，并且在熟读的基础上背诵。发现并体会散文语言的形式美与音乐美，让散文教学更具美感，从而真正体会散文的艺术美。此外，在分析散文语言的基础上，还要领会散文的语言风格。如郭沫若的散文朴素细腻，贮满诗意；冰心的散文清新隽永，委婉柔美；季羡林的散文朴实自然，亲切平易。在教学过程中可采用比较的方法，在比较中发现并体会不同的语言风格。

美是流动的，充满生机的。小学语文审美教育就是以美的规律来优化和规范语言实践行为，使学生置身于愉悦的、自主的、创造性的语文学习之中，让学生"乐学、善学、博学、美学"，经历丰富的情感体验，真切感受到学习是快乐的，从而促进学生语文审美素养和身心素质的全面和谐发展。小学语文中的儿童散文，从内容到形式都蕴涵着许多美的因素，优美生动的语言、令人遐想的画面意境、丰富感人的艺术形象，给学生一次次心灵的撞击，为小学语文审美教育提供了广阔的天地。

散文的美感教育，实际上就包含着散文的思想美（哲思）与艺术美（诗情）这样两个方面。在散文教学中，任何把思想美与艺术美割裂开来的教学程式，或是任何离开散文本身的具体内容，脱离文章的词、篇、章，只是宣传一种思想，阐明一种观点的教学程式，都不能达到美感教育这样一个目的。但是如果我们在散文这一领域的教学中能充分挖掘、利用这些美的因素，加以渲染、加工、提炼，根据教材实际和学生的知识实际确定适当的教学方法，引起学生兴趣，激发学生思维。乃至于运用富有表情的面容和眼神，抑扬顿挫的声调，生动而富有感染力的语言，都是引导学生发现美、感受美、欣赏美，从而增强审美能力的重要手段。学生感受教材中的美，获得美的享受，从而培养健康的审美观念和审美能力，在童年的星空获得更多的知识、智慧、诗情、哲思和生命的乐趣。

第五节　小学语文散文教学优秀案例举隅和解读

散文就是美文。关注语言文字，可以为孩子的写作服务。教学中需要在关键处停一下，和孩子品一品、尝一尝里面的味道。散文教学需要通过这样的"文学"方式，入其情境，得其滋味：通过还原课文的内容，想象课文的场景；通过文字想象画境；通过画境回归文字。层层递推，"美"就这样摇曳生姿起来。语文本来就是综合性很强的课程，但在其骨子里，语言、文学、人文、文化都是其特质所在。散文教学，不应该是我们生硬地外化预设，而应该是自然融合渗透。而其间重要的一点是，语文老师应该首先是一个优秀的老师，是一个好的阅读的推行者、践行者。

将语文教材中所收录的散文加以分类，主要有叙事散文、咏物散文、写景散文、抒情散文和议论散文这五大类。这一分类方法主要是从现有教材的客观实际出发，这一划分方法并非泾渭分明，有着严格的区分，而是彼此之间有着相互穿插、相互重叠的部分，也显示了文学是一种综合的形式，有着你中有我、我中有你的属性。这种划分更像是从某种鲜明的属性出发，而对其暂时性的归类。咏物与写景、抒情与议论是两组相对而又互为补充的概念。

试以小学语文人教版三年级里许地山先叶圣陶的经典名篇《荷花》为例进行讲述。

《荷花》教学设计及教学评析

执教者：某市实验小学　丁老师
评析者：某市实验小学　陈老师

教学目标

1.知识技能目标
（1）学会本课10个生字，理解由生字组成的词语。
（2）能正确、流利、有感情地朗读课文，背诵课文。

2.过程方法目标
（1）通过朗读感悟，感受荷花的美丽。
（2）通过情境体验，展开想象，发展观察、想象的能力。
（3）通过老师的指导，理解文章的结构层次，锻炼有条理的表达能力。

3.情感态度价值观目标
欣赏荷花的美丽，增强热爱大自然的感情，陶冶审美情趣。

教学重点

通过对语言文字的朗读来理解和欣赏满池荷花的静态美。

教学难点

对描写荷花动态美的有关语句的理解。（如"如果把眼前的这一池荷花看作一大幅活的画，那画家的本领可真了不起"这句话。）

教学突破

多读，让学生读中理解，读出感受，并创设情景，发挥想象，让学生敢想敢说。

教学流程

一、创设情境，激趣引入

1.教师导言

同学们，夏天到了，夏天正是荷花盛开的季节，那碧绿的荷叶挨挨挤挤地躺在水面上，那亭亭玉立、千姿百态的荷花从碧绿的荷叶之间冒了出来，在蔚蓝的天空下翩翩起舞，微风吹来，带来阵阵清香草，令人如痴如醉。同学们，这么美的荷花，你们想去看看吗？

2.创设情境，引入新课

师：我们来到荷花池，哇，荷花池的白荷花盛开了，请大家尽情地观赏。

（课件展示各种姿态的荷花"一池盛开的白荷花"含苞欲放的荷花，怒入的荷花，挨挨挤挤的荷叶，配以优美的音乐。）

（学生边看边议论，有的情不自禁地发出了赞叹之声。）

师：大家能否说说你们看到的荷花是什么样子的？

生：我看到的荷花是白色的，像白雪一样白。

生：荷花真美呀，千朵万朵地随风起舞。

生：我看到了一池盛开的美丽的白荷花，闻到了一股清香，原来是荷花散发出的清香。

师：这个同学把看到的、闻到的形象地点了出来，老师仿佛闻到了荷花的清香。

生：我看到那碧绿的荷叶就像一个个绿色的大圆盘密密麻麻地躺在清澈见底的水面上。

生：我看到那翠绿的大荷叶就像一只绿色的小船，浮在水下，飘来飘去。

瞧，那身穿绿衣裳的大青蛙就像一个神气的船长正在指挥呢。（学生笑，有的在交头接耳）

师：你观察得仔细，听得也很认真，并且敢于提出自己的看法。这种学习劲头值得大家学习。

师：同学们眼中的荷花千姿百态，各不相同，那叶圣陶爷爷眼中的荷花

又是什么样的呢？这节课我们就来学习叶圣陶爷爷的作品《荷花》板书课题《荷花》

二、初读感知，潜读入景

生齐读课题，配乐朗读全文，学生全神贯注地听。

师：这篇课文写得很美，哪位同学想读一读？（生踊跃举手）

生有感情地读完全篇。

师：这位同学读得怎样？

生：这位同学读得非常流畅、准确。

生：我觉得这位同学把舌音"展"字读成了平音。

生：我认为这位同学把轻声"衣裳"读成了原调。

师：同学们的眼睛真雪亮，真会读书！还有谁想也来读一读，这么多呀，好，请大家看银幕，可一边看一边跟读，有的还手舞足蹈起来。

三、自主读文，合作探讨

师：同学们，喜欢读《荷花》这篇文章吗？

师：好，请同学们以你们最喜欢方式读人你们喜欢的落或语句，并说说你的体会。读后能够互相谈谈议议。

学生互读，自读，对读，分小组读，边读边划，写、画、读书声、争辩声时起时落。

四、品析佳句，潜心会文

生：我最喜欢读荷叶挨挨挤挤的，像一个个碧绿的大圆盘，白荷花在这些大圆盘之间冒出来。

生：我觉得挨挨挤挤"冒"这个字我觉得作者使用最生动、确切了。

师：是否能用其他的词把"挨挨挤挤"和"冒"替换一下？

（生讨论异常激烈，纷纷表示可用"密密麻麻、密不透风、钻、长、探伸"等词。）

师：同学们用心读书了，老师真高兴，看来你们读书有所收获了，接下去说说。

生：我喜欢读第二自然段，这形象地写出了荷花不同的姿态，使人读了如身临其境。作者把荷花比作了大圆盘；"冒"字更加形象地写出了荷花悄悄地把自己雪白的小脑袋瓜探出来；而且作者还把荷花的样子具体地写了出来，所以，我觉得第二自然写得很美。

生：我想补充一下，读了描写荷花千种万种不同姿态的第二自然之后，让我想起了四句诗。第一、第二句是：黄四娘家花满蹊，千朵万朵压枝低。

第三、四句是：小荷才露尖尖角，早有蜻蜓立上头。这两首诗是写花的。

师：这位同学读书是口到、眼、心、脑到，由荷叶的挨挨挤挤，荷花千姿百态联想到了诗千朵万朵压枝低，真是学为己用呀。

生：我们小组认为第三小节写得最美，特别是这句"这么多的荷花，一朵有一朵的姿势，看看这个朵很美，看看那一朵也很美。"写出了作者看荷花的感受，可用一个词形容：目不暇接。

生：我们小组也喜欢读第三小节，体会跟他们小组差不多，但是我们不大理解"如果把这个池荷花看作一大幅活的画，那画家的本领可真了不起！"这句话。

师：这个问题提得真好，请看（教师用课件展示各种姿态的荷花），请闭上眼睛听听，想想你们看到了一幅怎么样的画？（播放音乐，师有感情地朗读第二自然段）

生：我看到了，看到了：碧绿像个大圆盘的荷叶挨挨挤挤的浮在水中，像谁好不给占谁的位置似的。白荷花从这些大圆盘之间冒出来，有的展开两三片瓣儿，像害羞的小姑娘；有的花瓣儿全都展开了，像在那里显示它的美丽；有的还是花骨朵，像刚出生的胖娃娃。

生：我也理解了那伟大的画家是叶圣陶爷爷。

生：你说得不准确，那伟大的画家应该是伟大的大自然。

生：我最喜欢读第四小节，看，作者把自己想象成一朵白色的荷花，穿着雪白的衣裳，随风起舞，真美呀，读着读着，我觉得自己也仿佛变成了一朵美丽的白荷花，与作者在清凉的水中一起翩翩起舞，微风拂过，蜻蜓从我的头顶过真舒服。（有的学生做陶醉状，有的站起来转身做舞蹈之势，有的以双手合成花瓣之形摇头晃脑）

生：我听到了小鱼告诉作者它昨夜做一个它飞上天和太阳爷爷握手的好梦。

（其他学生纷纷举手，要求发言。）

生：我听到了小鱼告诉作者它昨夜梦见了它妈妈给它买了一件跟荷花姐姐一样的白衣裳，穿上去，可真美。

生：我们也喜欢第四小节，我们不知道怎么样才能准确地谈出我的体会，我们小组经过讨论，我们想以表演的形式把我们的感受表达出来，可以吗？

（全班同学反响热烈，开始有点出乎意料，但随即爆出一阵热烈的掌声，有的甚至喊"太棒了，欢迎、欢迎"。）

　　小组学生一边读第四小节，有的一边模仿荷花、荷叶进行舞蹈，有的学小鱼、小虾、小鸟、龟、小青蛙、小螃蟹的动作、叫声，最后一生立起扮荷花，一生扮小青蛙上前说："荷花哥哥，你真美，我妈妈是医生，去田里捉小虫子了，我小青蛙也经去别的地方捉害虫了。今天我是来告别的，你可别忘了我呀。"

　　（掌声响起，已有许多学生跃跃跃欲试，要求表演，有的已迫不及待地站起自个开始表演了。）

　　五、抒情表达、丰富语感

　　师：这么美丽动人的荷花，你们想对她说些什么？

　　生：荷花，你真美丽。

　　生：荷花，我喜欢你。

　　生：荷花，你美丽的样子永远留在我心里。

　　生：美丽可爱的荷花，我忘不了你。

　　生：亭亭玉立的荷花，你愿意和我交朋友吗？（还有许多学生要求发言）

　　六、课堂总结

　　师：今天这节课的学习，同学们通过看、读、讨论、想象、表演来体会荷花的美丽、动人，体会了作者用词的具体准确、较好地锻炼了语言表达能力，想象思维，并能在读中积极探索，提出有兴趣、中肯的问题，并能经过合作，讨论来解决问题，这说明同学们的读书较好做做到了口到、心到、脑到，老师真高兴。

评析

　　学生的感受是通过朗读来实现的，"读书百遍，其义自见"。在这些教学片段中，教师能充分信任学生，把读的权利还给学生，自由读，然后小组合作读，齐读。相信学生能读懂课文，鼓励学生不断探索，寻找自信的力量，在自悟自得中感受朗读的乐趣，培养学生学习语文的乐趣。

　　对同一篇课文或同一个人物，学生站在不同的角度，往往会产生不尽相同的感受。以前，教师往往会给学生一个统一的答案。而在此教学片段中，教师努力创设了一种民主、平等、宽容、和谐的教学气氛，尊重学生的独特感受，让学生们根据自己的理解，读出了不同的感情色彩，品味出不同的思想内涵。

　　在教学中想象荷花翩翩起舞的美丽姿态以及荷花和蜻蜓小鱼蜜蜂等聚会时欢快的情景，使语言形象生动，语言情感有机融合。

　　读悟表达，释放学生的主体功能。给学生提供读悟表达的空间和自由，让学生自己去读，自己去悟，让学生先把感悟到的读出来、说出来、演出来，教师进行点拨启发，以培养学生良好的表达习惯。教师在教学中鼓励学生大胆地发表自己的见解，体现了审美价值的个性化、多元化。

　　总之，这是一节充分体现以学生为主，以读促悟的阅读课，教师的作用只是架桥铺路，点拨启发。在老师的引导下，师生互动、生生互动，非常活跃，撞击出课堂教学的生命火花。

第七章　小学语文教师儿童文学素养的培养

第一节　小学语文教师儿童素养的概述

从五四运动以后，儿童文学就开始大批量出现，并且与语文教学关联日益密切。随着基础教育课程改革的推进，儿童文学作品的选文数量又有所增加。新颁布的课程标准在课外读物建议中列出了许多儿童文学作品。因此，提高教师的儿童文学素养，在激发学生对文学的兴趣、构建富有活力的语文课堂上有着积极的意义。

从目前该领域的研究现状看，有些专家学者已经指出，在一些西方发达国家的母语教学中，儿童文学占有重要的地位。然而我国的儿童文学研究和小学语文教育的研究仍待提升。本节将从探讨儿童文学含义、儿童文学素养的内涵入手，进而探究小学语文教师儿童文学素养的构成，以及更深入地明确小学语文教师具备儿童文学素养的意义。

一、小学语文教师儿童文学素养的构成

对于儿童文学素养具体的构成，在前面儿童文学素养的内涵里稍有涉及。而在本部分内容里，笔者仍以中国儿童文学研究中心的陈晖博士的阐述为基础进行相关讨论，得出其具体的构成：儿童文学理论素养、儿童文学阅读与鉴赏素养、儿童文学教学素养以及儿童文学创作素养。

（一）儿童文学理论素养

前文提到陈晖博士的观点"儿童文学素养包含了小学语文教师对儿童文学的基本情感和态度、对儿童文学的全面认识和理解"，笔者认为此处可以合为一点，即"儿童文学理论素养"。

儿童文学是从属于文学，而又相对独立的一个文学门类，它有着自成一体的儿童文学理论。教师要具备一定的儿童文学理论素养，最基本的要求就是要系统地认识和理解儿童文学，建立先进的儿童文学观，如认识和了解儿童文学的含义、发展历史、价值所在及其艺术特征等。

掌握儿童文学理论知识，对小学语文教师的儿童文学教学实践是有积极指导作用的。没有理论指导的实践是盲目的，同样的，没有儿童文学理论的指导，教学就是毫无章法甚至是毫无成效的。例如，教师对儿童文学作品的基本体裁要有基本的了解，要熟知童话、寓言、儿歌、故事等不同类型儿童文学作品各自的特点和不同的教学方式；还要学习儿童文学的艺术特征，理解了其特征之后，还要在儿童文学作品的教学中融入其中的要点，潜移默化中增强学生对作品的深入理解；对儿童文学的发展历史要有所了解，并且做到与时俱进，及时关注最新的相关信息。

因此，教师需要参加相关培训或课程来提升自己的儿童文学理论素养，以更加充分地了解儿童文学与更深入地把握其特有价值，使之与语文教育更好融合。

（二）儿童文学阅读与鉴赏素养

因为小学语文学科自身的特殊性质，小学语文教师必须加强儿童文学的阅读与鉴赏活动。教师进行儿童文学的阅读鉴赏，一方面，能帮助教师更好地熟知教材内容，采取恰当的教学方法和实施策略。另一方面，能帮助教师更好地了解学生，树立正确的教学观念。因此，教师的儿童文学阅读与鉴赏素养，是教师儿童文学素养中不可缺少的一部分。

1.具备一定的文学阅读理论

小学阶段的文学教育，和中学、大学有很大的不同。如果教师不具备相关的理论基础，在儿童文学的相关教学里就易把我们成人的文学经验直接灌输给学生，出现教学的偏误。因此，具有一定的文学阅读理论是教师儿童文学阅读与鉴赏素养中一个重要的内容。

具体而言，具有一定的文学阅读理论指的是教师对文学阅读理论的发展历史大体明晰，知道其中代表性观点和不同流派的阅读理论各自的含义和侧重点。仅了解已有的各家观点是不够的，教师还要能与时俱进地学习文学阅读理论，并且从中撷取利于课堂教学的理论来进行相关学习。另外，教师还要认识到在文学的四个维度中，作家、作品、读者、世界之间相互制约的关系；了解罗森布兰的文学交感理论，能区分理解性阅读和审美性阅读的不同含义等。

总之，在儿童文学作品的教学里存在着各种影响因素，教师的文学阅读理论储备，能帮助其更好平衡知识教学与审美性的教学。

2. 能合理选择阅读书目

教师的儿童文学阅读与鉴赏素养，在儿童文学作品阅读书目的选择上能得到非常直接的体现。一方面，教师要能结合自己的兴趣取向和当前的教学需求，合理选择与儿童文学相关的作品进行阅读与学习。另一方面，教师要能从鱼龙混杂、参差不齐的儿童文学作品里，挑选出文质兼美，富有时代气息和教育价值的优秀文学作品，推荐和引导学生去阅读与欣赏。

关于挑选的标准，教师可以参考《义务教育语文课程标准》附录部分的建议，课标对学生的课外阅读总量都是有一定要求的，对童话、寓言、故事等体裁的作品都有相关推荐。另外，教师还要在此基础上结合学生阅读的喜好和需求，从中外优秀的儿童文学作品中选择最适合学生的阅读书目。

3. 善于鉴赏不同体裁的儿童文学

在具有一定的文学阅读理论和能合理选择阅读书目的基础上，教师还要善于鉴赏不同体裁的儿童文学。儿童文学有许多体裁，如儿童诗、童话、寓言、儿童故事等。针对不同的体裁，儿童文学阅读鉴赏的方法也有所不同。

例如，在对儿童诗进行鉴赏时，教师应知晓儿童诗的接受主体为儿童，适合于儿童听赏、吟诵，在激发儿童想象力、思维能力等有一定作用。教师在进行阅读和鉴赏时，最基础的鉴赏就是从优美的语言入手，关注诗里的美感效应，正如朱光潜先生说："有时候文学意义所表现不了的东西可以适当借助声音节奏。"好的作品必定是情景交融的，教师要努力挖掘其中的精华之处。

因此，高效鉴赏的素养需要教师熟知儿童文学各种体裁的定义、行文特点；要注意正确区分不同体裁；善于咀嚼和领悟作品的深意；学会联系实际生活，将道理阐释得更为简单和易于接受。简言之，我们的小学语文教师要多多阅读各类儿童文学作品，在阅读中丰富自我与学会鉴赏，从而为更好地进行儿童文学的教学打下基础。

（三）儿童文学教学素养

在理论素养、阅读与鉴赏素养的基础上，陈晖博士还提出"教师还要有能力指导学生的阅读活动。"开展阅读活动只是日常教学的一项，教师还要有一定的"儿童文学教学素养"。

1. 掌握不同类型的儿童文学作品的教学策略

儿童文学的体裁包含童话、寓言、儿童诗等，作品的体裁不同，其教学的方法和策略也各有不同，教师对之要有较为全面的了解，这是教师儿童文学教学素养的基本组成部分。

不同体裁的儿童文学作品，其不同的艺术特征对应读者不同的文学阅读能力，教师教学重点也会有所差异。如教学儿童诗，其教学重点主要考虑以下几方面：领会诗歌的韵律美、理解诗歌表达的情感、培养对诗歌的热爱。其基本教学活动主要包括朗读、欣赏、表达自我见解等。具体的选择需要根据具体诗歌作品的特点以及学生的兴趣与能力来定。童话教学，重点要激发学生的想象力和创造力；寓言教学，主要启发学生概括文章主旨和领悟人生道理等。

基于以上理念，教师必须掌握不同类型的儿童文学作品的教学策略，并且能结合作品特点、作者创作背景等，采用适宜的教学策略进行专门的阅读教学设计。

2. 具备合理的儿童文学作品的教学理念

小学语文教师的儿童文学教学素养里，除了要掌握不同类型的儿童文学作品的教学策略以完成基本的教学活动外，还应具备合理的儿童文学作品的教学理念，来保证上课时不偏离正确的教学方向。

一方面，教师要能清醒认识到课堂内外儿童文学作品阅读的互动性。课堂上教师起主导作用，把控各种教学活动，包括课堂内的儿童文学作品的教学。不过，教师如果能在做好课堂内教学的基础上，同时给学生的课外文学阅读一定的指导，就能极大提升学生阅读水平，从而为我们课堂教学锦上添花。但目前课堂内外儿童文学作品阅读的互动性并未引起家长和老师的足够重视，或者有意识而没行动。因此，教师要有整合课堂内外文学阅读的意识，选择灵活的阅读联动方式，让课堂内外形成很好的互动，就能事半功倍。

另一方面，教师要意识到，既应注重引导学生投入课本中儿童文学作品的学习，又要鼓励学生自主阅读与理解。教师在儿童文学作品的课堂教学中，会用针对性的教学方法和教学策略，来引导学生学会阅读鉴赏每一篇富有童趣又有教育意义的儿童文学作品。同时，有意识地组织一些文学活动，培养学生对儿童文学的阅读兴趣，陶冶性情和开阔视野。同时，教师在对学生引导的基础上还要鼓励其自主思考。文学作品的解读具有多向性，"有一千个读者，就有一千个哈姆雷特"，教师的解读只能作为一种启发，必须充分尊重学生在阅读理解上的个性化。

另外，教师还要能在教学中合理呈现课本中儿童文学作品的知识性价值，发挥其审美性功能。具备合理的儿童文学作品的教学理念，教师才能更好地"充分利用无处不在、无时不有的语文教育资源，使学生不断提高整体把握能力"。

（四）儿童文学创作素养

如果一位小学语文教师，在儿童文学的理论素养、阅读与鉴赏素养、教学素养上都有一定基础，某种程度上可以说已经具备了一定的儿童文学素养了，但这还是不够的。因为教师单纯读、学、教的模式已经不能再适应日新月异且不断进步的教学改革了。语文教师应该以更高的标准要求自己，在"读""教"的基础上，追求更高层次的"写"，尝试创作儿童文学作品，即要具备"儿童文学创作素养"。

1. 能对儿童细致观察和深入思考

生活是文学创作中素材的主要来源。教师所接触的每一个孩子和他们的成长历程，如何才能将其变成一篇篇生动有趣而兼具教育性的作品？这需要每个处于教学一线的语文教师，怀着一颗热忱之心，投入儿童文学的创作之中。

教师要对儿童仔细观察，去关注、去研究儿童平日的喜怒哀乐与表现。因为他们是非常纯真和坦然的，他们对生活的好奇心和想象力，对于美的向往与表达，是能给我们成年人带来新的灵感与创意的。金波先生曾经强调："儿童是一朵小花，但他们的内心是一座花园。对于教师来说，发现儿童也是发现自己。"

天天和学生打交道，教师的目光要十分敏锐，带着一种发现和探究的眼光去看孩子们的喜怒哀乐，去观察、倾听和思考，就能有新发现、新感想，而这些都是儿童文学创作的灵感源泉。

2. 要有儿童的审美意识

关于儿童文学的创作，许多儿童文学作家都倡导创作者要以儿童的眼睛去观察世界，用儿童的思维方式去处理不同的事件。也就是说，成人在进行儿童文学相关作品创作时，一定要注重儿童的审美意识。具体而言，儿童文学的创作心理一般包含作者的审美意识和来自读者的儿童审美意识。这两种审美意识需要共同作用，不能有所偏颇。成人创作的儿童文学作品，很难摆脱成人意识，若不能融入一点儿童审美意识，作品就会过于严肃和枯燥，难有趣味。

小学语文教师在进行儿童文学作品创作时，其儿童文学素养里的儿童审美意识，有着很重要的作用。这种简单纯粹的审美方式，能创造注重"儿童情趣"的审美形态。这符合儿童的审美特点和阅读心理，且具有一定审美价值。因此，小学语文教师要有儿童的审美意识，用儿童的心灵去体会、书写和表达。

3. 善于学习并使用儿童接受的艺术手法

对于儿童文学的创作，只有大量真实、鲜活的素材是远远不够的。"艺术源于生活又高于生活"，这个"高"，需要把生活的原生态素材进行艺术加工才能实现。要提高儿童文学的创作素养，就要善于学习并使用儿童易于接受的艺术手法，以使作品受其青睐。

艺术手法的运用，必须和内容的表达、读者的审美能力相适应。不同文体的写作手法有不同的侧重点，如抒情散文偏重借景抒情，议论文常引经据典，记叙文有首尾照应等。儿童文学读者群主要是儿童，因此在艺术手法上也和别的文学样式有所区别，具体来说有以下几个原则：①多用生活流手法，不能过于深刻含蓄。②多用顺序，少用倒叙、插叙。③多用动作描写、神态描写，力求形象生动。④多用对话，少用艰涩的议论、叙述。

儿童不喜欢只会讲大道理或讲什么生涩概念的儿童文学作品，他们需要的是声响、视觉和心灵上的冲击。好故事或者好作品离不开想象、联想、夸张等艺术手法。如何应用好这些艺术手法，编织出引人入胜的故事情节，需要教师好好学习和琢磨。

总之，教师在阅读中要主动借鉴其措辞和表达方式，在平时的习作中要有意识地学习并使用儿童易于接受的艺术手法。在提升适宜于儿童接受的艺术表现力，如包括情节结构、语言运用等方面的表现力后，教师最终就能以自己行文的特色来吸引与教育儿童读者。

二、小学语文教师具备儿童文学素养的意义

随着时代的发展和课程改革的推进，教师具备儿童文学素养已成必然的趋势。而在本部分内容里，我们将从以下几个方面来全面细致地分析小学语文教师具备儿童文学素养的意义：提升小学语文教师素养的要求、优化小学语文课程资源的选择以及促进对学生因材施教的前提。

（一）符合义务教育课程标准的要求

在21世纪课程改革十年实践的基础上，2011年《义务教育语文课程标准》在各个部分都进行了不同幅度的修订。如"前言"部分中，正面明确了"语文是最重要的交际工具。工具性与人文性的统一，是语文课程的基本特点。"文学性回归到语文教育的应有地位；"教学建议"中有如下表述："阅读教学是学生、教师、教科书编者、文本之间对话的过程。"重视学生在阅读中主体地位的基础上，对教师在文学作品的阅读、鉴赏和指导等方面的能力有了更高的要求。从新课标的各个部分里，我们都能探究到语文学科和儿童文学的紧密联系，也说明教师具备儿童文学素养的重要性。

1. 新课标"课程性质"和"基本理念"部分

2011版新课标是这样描述课程性质的："工具性与人文性的统一，是语文课程的基本特点。"语言文字是人类重要的信息载体，有着鲜明的工具性。同时，语言文字又负载着传承祖国文化和民族精神的任务，有着极其丰富的文化内涵，具有深刻的人文性。而文学作品，尤其儿童文学作品在提高思想文化修养方面的作用愈来愈受到重视。

"基本理念"部分，提出的"素养养成"的课程基本模式，把"语文素养"放在新课程的重要地位，使得语文课程的价值追求更加全面了。新课标"基本理念"部分要求学生在语文知识、能力和情感态度、思想观念等方面均衡发展，也是变相要求作为"传道授业解惑"的教师提升自我的综合素养，儿童文学素养当是其中的重要部分。

2. 新课标"阅读目标"部分

新课标对学生阅读方面的能力有明确规定："有较为丰富的积累和良好的语感。能初步鉴赏文学作品，丰富自己的精神世界。"学生独立阅读和初步鉴赏文学作品的能力，都是在阅读和积累大量的课外文学作品的基础上才能获取并提升。

在低年级阅读故事和诗歌中，不是以阅读分析能力的培养为首位，而重在阅读过程的展开，关注的是学生在阅读中的情感体验和想象活动。对其中涉及的童话、寓言、故事等内容，儿童文学中有相当多可供语文课程学习和练习的资源。在儿童文学作品的阅读中，学生会慢慢领略作者的思想感情，了解文章的写作顺序和基本表达方法等。

另外，在阅读数量方面也有不同的要求。从中我们可以很清楚明了地看到，新课标重新整合了相关目标，不同学段的目标设计比较清楚。小学一、二年级，注重从兴趣入手，让学生喜欢阅读。随着年级的升高，阅读素养的要求也逐步提升，相应地课内和课外作品的阅读面、阅读方法、阅读指导的要求也越来越高，对教师的儿童文学素养的要求也明显提高。

3. 新课标"教材编写建议"和"课程资源开发与利用"部分

（1）教材编写建议。

教材编写质量的高低与教学效果的好坏有直接的联系。对于教材编写，新课标一共有十条建议。其鼓励百花齐放、百家争鸣，通过学生和家长的选择，让真正优秀的课本脱颖而出，体现了新课标的纲领性作用。

建议第1条："教材编写应注意体现基础性和阶段性。"第3条："教材要有助于增强学生的民族自尊心和爱国主义感情。"这强调教材要注重帮助孩子树立正确的人生观、世界观和价值观，并且激发学生的学习兴趣和培养其学习能力。

再如第5条："教材选文要文质兼美，具有典范性，富有文化内涵和时代气息。"大量优秀的、富有文化气息的，又不乏儿童情趣和教育性的文学作品进入教材的选择视野，儿童文学作品亦成为其重要组成部分。

小学语文教材需要一定的开放性和弹性，即在课程内容已经合理安排好的基础上，地方、学校和教师要被给予一定的创造空间。优秀的儿童文学作品无疑成了不可忽视的重要的教材资源，教师对儿童文学作品必须重视起来。

（2）课程资源开发与利用的建议。

新课标明确指出，课堂教学资源和课外学习资源共同组成语文课程资源。作为众多课程资源中的一种，儿童文学作品对少年儿童发挥着熏陶作用，这是作为课外学习资源而言的。而文学作品一旦被选编入教科书且成为课堂学习资源后，就等于把文学教育、人文教育纳入语文教育的重要地位。

（3）新课标"关于课外读物的建议"部分。

2011年版的新课标要求小学阶段这六年里课外阅读总量要不少于100万字，可见课外阅读的重要性。新课标对这阅读材料提出如下建议：

童话，如安徒生童话。

寓言，如中国古今寓言。

故事，如成语故事。

诗歌散文作品，如冰心《繁星·春水》。

长篇文学名著，如吴承恩《西游记》。

我们可以从中很明确地看到，无论童话、寓言、故事，还是长篇文学名著等，课外读物里几乎全是适合儿童阅读的儿童文学作品。所以，教师应当与时俱进，在语文教学中下大功夫，抓好"读书"这一根本环节，让学生养成朗读与思考课文的习惯；还要引导学生养成课外阅读的习惯，使他们逐步对经典作品产生兴趣。与此同时，教师本身也要对儿童文学作品有更深入的了解和把握。

（4）新课标小学部分对教师素养的要求。

教师素养，即教师专业素养，是指"能顺利从事教育活动的基本品质或基础条件"。随着社会进步和基础课程改革的深入，对教师的素养有了更高的要求和标准。

《语文课程标准》制定组的方智范先生客观指出了："目前我们的老师具备很多教学素质，但教师最缺乏自身文学素养的提升。"在新课标中，处处直接或间接地对小学语文教师的素养，尤其儿童文学方面的素养有了更多、更高要求。

例如，"课程基本理念""课程设计思路"指出："语文课程的建设应注重读书、积累和感悟，注重整体把握和熏陶感染。"这强调了语文学科的文学性，学生要多读书和积累。

学生要多读书，老师相应地要"注重引导学生多读书、多积累，重视语言文字运用的实践"。引导学生利用多种媒介主动去阅读。语文教师任重道远，要加强对学生课外阅读的指导，鼓励学生自主选择优秀的阅读材料。而教师自己得有足够的文化积累和匹配的文学素养，尤其是有一定儿童文学素养才能担当引导的重任。

"教学建议"部分又指出学生是语文学习的主体，教师是学习活动的组织者和引导者。因而，教师要根据社会发展和学生需求的变化，不断提升自我。提高综合素养，是教师提升自我、促进教学的一贯要求，而文学素养是综合素养中的重要组成部分，更是目前大部分一线小学语文教师不太重视且极其缺乏的。

（二）提升小学语文教师素养的途径

"教师素养是影响学生转变学习方式的重要因素。现代教师素养结构应该与时俱进，并具有一定的前瞻性。"教师素养结构一般包括文化知识素养、教学能力素养、心理素养、思想政治素养等几大方面。

对于文化知识素养，《论语》中"传道授业解惑"最简明阐述出教师的基本角色任务就是传播文化知识。而小学语文教师面对的是一群知识储备不太多，但却对世界充满求知欲的学生，他们希望老师能帮助他们解开生活里的一个个谜团。"问渠哪得清如许，为有源头活水来"，因而教师要不断更新所学知识，做学生知识的"活水源头"。

作为一名小学语文教师，最基本的是必须能准确掌握语文这一学科的教学内容，非常熟悉教学知识的知识体系，能明了课本里的重难点。大部分语文教师具有扎实的语文知识，如汉语拼音、识字写字的知识以及词句段篇等基础性的知识。但是随着基础课程改革的进行，儿童文学越来越多地走进语文教材中。如新颁布的《语文课程标准》在课外读物建议中，也列举了许多儿童文学作品。这就意味着教师原有的语文基本知识是远远满足不了现在语文学科要求的，必须学习和积累足够多的儿童文学理论知识。

具有丰富的文化知识是语文教师的必要条件，但只是基础条件。语文教师还需要有较好的教学能力素养（如把握课堂教学）和心理素养（如更全面把握儿童心理）等，这两项将在后面部分逐条详细地阐述。

另外，语文教师要全面、综合地提高自身素养，还必须把高尚的职业道德重视起来。教师是学生的第一个系统的道德塑造者。这就要求作为育人者的教师，必须以正确的人生观、世界观和价值观，教给学生做人的道理。而现行小学语文课本所选的课文内容，其中许多儿童文学作品也可以成为思想品德教育的典范，如有的赞美少年英雄主义精神，有的崇尚勤学苦练，有的宣扬爱国情怀等。这就意味着具有一定儿童文学素养的教师，可以仔细研究和充分挖掘教材里作品的德育元素，并进行言传身教。

（三）优化小学语文课程资源的选择

课程资源，是课程要素来源以及实施课程的必要而直接的条件。对于课程资源的重要性，课程理论之父泰勒曾强调："在解决课程中生成的问题和制定评价的过程中，要多方利用不同的资源。"而开发利用课程资源，也是实现新课改的必要条件与重要内容。优秀的课程资源，有利于激发学生的学习兴趣，变被动学习为主动学习，也有利于教师课堂教学的顺利进行。

而儿童文学，历来就和教育，尤其是语文学科有着密切的联系。关于儿童文学和小学语文，叶圣陶先生曾经说过："小学生也是儿童，课本中的儿童文学作品与他们生命特征是符合的。"

儿童文学是小学语文重要的课程资源，这有多方面的依据。首先，儿童文学作为小学语文教育相关的领域，儿童文学作家的理论研究成果能为小学语文教育研究提供大量且有用的信息。

其次，从教育的角度来说，相较于其他的文学形式，儿童文学更贴合儿童的心理特征，更容易深入孩子的内心。首先，儿童文学作品或多或少能传递给学生一些基本的儿童文学知识，扩充其词汇量并提高理解力。另外，作品里天马行空的想象、风趣幽默的故事和一波三折的情节等，都能对孩子的想象力和创造力产生深刻的影响。儿童教育家浦漫汀也认为"多数的儿童文学作品都包含着丰富情感，能带领孩子们进入社会之前，提前感受人世间冷暖"。

另外，语文教育本身具有双重性质，强调文学性与教育性相互影响和共同作用，以达到更好的教育效果。而儿童文学，按照教育价值的评判标准来看，大多数的儿童文学都带着一定的教育目的，如亚米契斯的《爱的教育》《窗边的小豆豆》等作品都有很好的口碑。

教师具备了儿童文学素养，则更有助于优化小学语文课程资源的选择，推动教材中儿童文学教学。具体而言，即教师能更好地参与开发校本课程资源，从基于教科书的教与学走向基于资源的教与学，来真正利用好教材中每一篇儿童文学作品，引导学生领会作品中的精华部分，从而以更有效的方式达到教育目的。

（四）促进对学生因材施教的前提

教师具备了一定的儿童文学素养，就能更全面地把握儿童心理，更透彻地了解儿童的情感态度价值观，学会理解、尊重儿童。只有获得了同孩子深入对话的钥匙，才能在后面的教学中顺利沟通，更深入指导学生阅读和有效改善课堂教学。

1. 更全面地把握儿童心理

小学语文的教学里，教师虽然处于主导地位，但面对的教学对象是一个个完整的具有独立思想的个体。因此，为了保证语文教学进行得更加顺畅，教师至少要对儿童的行为动机、心理特点等有基本的认识。教师具备了一定的儿童文学素养，就能更加关注和了解儿童的心理特征。

首先，教师会更明晰儿童的认知发展特点。心理学家皮亚杰将儿童的认知发展分为四个阶段，而处于小学阶段的儿童，思维倾向于感性的形象思维。朱智贤强调："小学儿童思维为形象思维逐渐到抽象思维。但这个阶段的抽象思维依旧带着具体形象性。"

处于小学阶段的儿童主要是感性的形象思维。具体来说，就是处在儿童这一成长阶段，自我意识与对象意识都普遍缺乏。孩子在感知和分析事物时，主要从自我感性观点出发，很难产生客观全面的认识。这就要求我们在对学生的教学中，特别是文学作品的教学时，应该把培养和提高学生的形象思维放在第一位，再进一步培养其理性的抽象思维，逐步推进才能取得更好的效果。

其次，具备一定儿童文学素养的教师会更倾向于保护儿童独特的自我意识。卢梭曾为儿童呐喊："在成人以前，儿童就要像儿童的样子。"从中我们可以看出他充分肯定了儿童自身的独立性和主体性，如果完全按照我们成人的想法来塑造儿童，最后只会事与愿违。因而教师要在承认和肯定儿童自身的独特价值的基础上，进行现实教学，对儿童进行适当的教育和引导才是有效与合理的。

总之，小学阶段的文学教育具有特殊性，如果把成人的文学经验全部灌于小学生脑子里，就成了一种单向的、成人主导的教学取向，其教学效果可想而知了。教师具备一定的文学素养，全面把握儿童心理，是有效教学的前提。

2. 更有效地改善课堂教学

在小学阶段的语文学习中，儿童文学已经逐渐成为语文教育中极其重要的课程资源。当前全国流行的各个版本的小学语文教材，几乎都被儿童文学作品覆盖。如在人教版的小学语文教材里，儿童文学作品至少占据了总篇目的80%以上。而苏教版的小学语文教材，一年级下册除了几篇古诗文外，其余均为儿童文学作品。

大量的儿童文学作品被纳入教材里，小学语文教师也就需要投入新的学习之中才行。因为如果教师自己对教材中的儿童文学作品或者作者都不太了解，那在教学时，要怎么保证从文本出发不偏题，怎么能够充分挖掘出作品的价值，使学生能够从中受益呢？为了上好每一堂与儿童文学作品有关的课程，每一位小学语文教师必须具备良好的儿童文学素养，在课堂教学中能游刃有余地抓住每一篇儿童文学作品的价值所在，采取恰当的教学策略，引导学生进入审美性和知识性并存的高效阅读境界，从而取得良好的教学成果。

3. 更深入地指导学生阅读

在文学作品阅读中，"文本是客观的，又是开放的；阅读是主体的思考，又离不开一定的制约"。对于小学阶段的儿童来说，他们具有创造性，他们有自己的认知、判断和理解。因而教师如果具备相应的儿童文学素养，尤其是儿童文学阅读鉴赏素养、教学素养，就能使教师在指导学生阅读时，尊重学生的感悟，鼓励他们自由联想，并且兼顾教育的教化指导作用，进行合理的价值观引领。

首先，小学语文的学习里文本阅读占主导，但是学生要实现高效阅读，小学语文老师必须发挥引导作用。阅读指导中培养学生对阅读的兴趣是基础。强迫式的灌输阅读只会适得其反。郑振铎先生曾强调："对于阅读，第一是兴趣，第二是兴趣，第三还是兴趣。"古人亦云："知之者不如好之者，好之者不如乐之者。"兴趣对人们的任何一种学习都有着神奇的内驱动作用，可以变无效为有效，变低效为高效，即兴趣能推动工作和自我水平的提升。

因此，教师在对儿童的阅读指导过程中要能培养学生的兴趣，教师就必须具备一定的儿童文学素养，能够发现和挖掘出儿童文学中的儿童乐趣，并将其呈现在学生面前，让孩子在潜移默化中爱上阅读，爱上儿童文学。

另外，教师还要根据学生的性格特点和学习能力，推荐富有教育意义又不失童趣的书目。只有尊重儿童的阅读兴趣，尊重市场选择，关注作品的趣味性与思想性，才能在阅读过程中给出更好的指导。

以上这些阅读指导的实施，都离不开教师的儿童文学素养。只有教师自身的能力提高了，才能够给不同阶段、不同性格、不同学情的孩子相应的阅读指导建议。语文老师应该在不断地学习中提高自己，发展自我、完善自我，这样才能适应不断发展的教育改革与时代的要求。

第二节　小学语文教师的儿童文学素养存在的问题及原因分析

为了更全面地了解小学语文教师儿童文学素养的现状，笔者借助了多方面的力量，在江苏省范围内分别选择三个不同地区的学校进行了问卷调查。这三个地区分别是：苏州工业园区、连云港市区、徐州某农村。关于小学语文教师儿童文学素养调查的结果并不乐观，笔者通过数据筛选和查阅资料得出了以下分析。

一、小学语文教师的儿童文学素养存在的问题

为了对小学语文教师儿童文学素养的现状有一个全面客观的了解，笔者进行了问卷调查。本小节里详细地介绍了本次调查问卷的编拟、样本抽取、进行方式和统计情况，以及针对发现的问题所要采取的相应措施。

（一）调查方式的概述

儿童文学的地位随着课程改革的深入而不断上升。目前在学校中使用的人教版、苏教版等语文教材中，儿童文学的比例都不算小。因此，小学语文教师的儿童文学素养是否能够适应现在的教学需求成为一个重要的问题。为了更好了解小学语文教师儿童文学素养的情况，笔者采取了问卷调查的方式。

1. 调查问卷的编拟

本次调查问卷一共有十道单选题，三道填空题和一道简答题，题量不算多，但尽量让涉及的儿童文学相关内容宽泛些。

单选题主要问及了教师的职前教育、职后问题以及个人的自我提升等内容，例如教师在毕业工作之后是否有参加儿童文学相关讲座等，力求对教师的儿童文学素养现状有更多了解。对教师儿童文学的理论素养的调查，集中在三道填空题里，分别问及儿童文学的作家、作品、体裁。简答题只是问了"您觉得提升自己儿童文学素养有哪些事情可以做"？征求教师意见，探讨怎么更好提升儿童文学方面的素养。

2. 调查问卷的样本抽取

在本着减少调查样本误差的原则下，笔者在江苏省范围内，选择三个地区进行样本的抽取。这三个地区是：苏州工业园区、连云港市区、徐州某农村。它们分别代表：经济较发达的城市、经济不太发达的城市、经济落后的农村。

本次调查的群体有以下特点：①来自江苏不同城市的小学语文教师。笔者有许多同学或者学姐学长实习或工作于江苏不同城市的小学，使得调查问卷的投放较为顺利。②调查的群体包含某一所农村小学的语文教师们，保证调查对象的差异性。

本次调查问卷样本的总容量为n=265，即n＞100，是一个大样本。三个地区的样本容量分别为：n=110；n=105；n=50。第一个和第二个样本为大样本，即n＞100；第三个样本n＜100，为小样本。

总体而言，调查问卷的样本抽取符合了调查对象要具备同一性、多元性和广泛性的要求。

3. 调查问卷的方式

调查问卷统一为网上问卷，并且为无记名。卷首的语言礼貌得体，问卷是在被调查人选择自己的空闲时间、没有任何提早准备的状态下轻松完成的，以保证不影响教师的工作，不给参加问卷教师带来任何额外负担，同时又增加了调查结果的真实性。

4. 调查问卷的统计

本次问卷只是简单的学术调查，不涉及任何功利性问题。试卷的完成也不烦琐，丝毫不会耽误教师的正常工作。因此，本调查问卷取得的统计结果的可信性较高。问卷的统计，先从三个区域收集数据和资料，汇总后再使用科学计算方法进行情况归纳。

（二）调查情况的归纳

1. 职前与职后教育的分析

（1）职前儿童文学的课程缺乏。

对于"本科师范就读期间是否有选修儿童文学专业课程"这一问题，参与调查的语文教师们的回答让人担忧。如今在职的小学语文教师中，无论是老教师还是刚参加工作的年轻教师，在入职前进行学习的学校中，开设过专门的儿童文学课的少之又少。虽然多数的学校开设了文学相关课程，但是儿童文学并没有被单独列出来，没有得到应有的重视。

（2）职后儿童文学的学习太少。

在问及入职后，"学校组织与儿童文学有关的学习，教师参加与儿童文学相关的讲座的频率"，约有60%的教师回答为相对很少。我们从中可知，教师在儿童文学方面的素养在学校并未得到应有的重视，其与语文教学质量的密切联系并未被充分认识。

结合各地区的实际情况了解到，多数学校仍受"应试教育"的影响，认为考试是第一位的，教师阅读儿童文学没什么用。因此，专门给教师举办儿童文学相关的讲座或者是短期培训几乎成了奢望。关于语文教师学习儿童文学专业课、参加有关儿童文学的相关讲座，表格数据如图7-1所示。

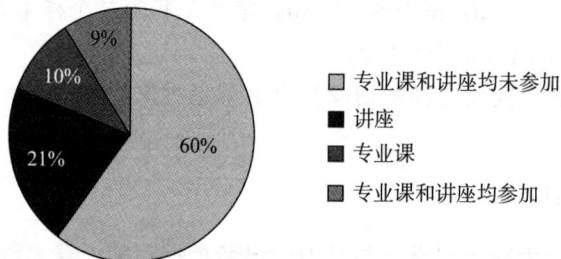

专业课和讲座均未参加
讲座
专业课
专业课和讲座均参加

图 7-1　参加有关儿童文学的专业课和相关讲座情况

2. 教师儿童文学素养状况的分析

对教师的儿童文学素养，本次调查问卷主要关注其理论素养、阅读与鉴赏素养、教学素养与创作素养，下面是根据调查数据得出的具体分析。

（1）儿童文学的专业理论与知识掌握不够。

在填空题里，在问及教师最熟悉的三位儿童文学作家，回答的内容主要是以下几位：郑渊洁、曹文轩、杨红樱等。这些作家以及他们各自的作品在中国的儿童文学界，甚至在全国也是家喻户晓的。而入选小学语文教材的儿童文学作者，如孙幼军、薛卫民等却只有13%的教师列举。一些具有世界性影响的国外儿童文学作家，如《爱的教育》的作者意大利作家亚米契斯、《夏洛的网》的作者埃尔文·布鲁克斯·怀特等却无人提及。

但实际上，随着儿童文学在小学语文的教材中比例的增加，教材中出现的儿童文学作家也逐渐增多：有大家耳熟能详的冰心、叶圣陶等，也有儿童文学领域的新兴名家，如金波、曹文轩等。在现在的小学语文教材中，几乎都有选择金波先生的作品作为课文。以人教版小学语文教材为例，金波先生至少有二十余篇作品入选，数量颇多。但在调查结果中，只有不到4个人在问卷中写到他的名字。这说明，小学语文教师并不怎么关注儿童文学作家。

在回答"最常见的几种儿童文学体裁"这个非常基本的问题时，70%的教师能写出童话、寓言、儿歌等常见的儿童文学体裁。还有几位教师可能没有弄清儿童文学体裁的含义，竟没有写出一个来。

儿童文学的基本知识应当是作为一名小学语文教师必学的课程之一，可是调查的情况实在令人担忧。教师应当努力提高儿童文学的知识储量，才能在教学过程中对各类儿童文学作品做到有的放矢。

（2）阅读时间严重不足。

调查问卷5、6题的统计结果显示，51%的教师几乎天天没有时间阅读，9%左右的教师每天阅读在2小时以上。这样算来，教师每日阅读儿童文学的文字量之低就可想而知了。

这些数据告诉我们，对于阅读儿童文学作品，小学语文教师每天投入其中的时间相当少。相当一部分老师并不怎么阅读，更谈不上养成主动阅读与思考的习惯了。另外，大部分教师并没有意识到阅读儿童文学作品与自己的儿童文学素养联系紧密，并且可以更好地促进日常的语文教学这一点。

语文教师每天阅读的时间如图7-2所示。

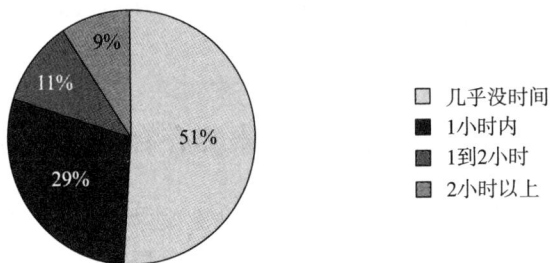

9%
11%
51%
29%

□ 几乎没时间
■ 1小时内
■ 1到2小时
■ 2小时以上

图 7-2　语文教师每天阅读的时间情况

（3）儿童文学的教学能力有待提升。

调查问卷第6题列出的《朗读手册》《儿童阅读指导丛书》等都是非常经典的书籍，但读过的小学语文教师不到5%。第7题问到儿童文学篇目的教学方式时，80%的教师回答主要依据教学参考书，不会特意花时间查作品以及作家的相关背景资料；而15%的教师对此类篇目不太重视，交好字词、划分层次、讲明大意后，课程就算结束了。

在实际教学中，如果教师没怎么阅读过儿童文学指导书籍或没有投入足够时间来琢磨教材相关篇目的教学，在指导小学生阅读儿童文学时就缺乏相应的章法，极大地降低了指导的有效性。教师上课跟着感觉走，没有明确教学目标，没有精心策划的教学行为，太过随意和零散，则不利于形成良好的阅读氛围，更不用说把孩子带入儿童文学的世界来培养对文学的热爱之情了。

这充分说明大部分小学语文教师，对如何有效指导学生的阅读并不怎么重视，其儿童文学的教学能力急需提升。

（4）儿童文学的创作热情很低。

问及第8题"您平时写作的频率如何？（如在课内为孩子写作文范例，课外写教学论文等）"90%的教师回答：几乎没怎么动过笔。多数教师在做老师后都是一股脑扎进指导学生去写的洪流里，而自己却许久不动笔。除了完成学校教学的工作总结、教学反思等硬性任务外，他们已没什么心思写文章，哪怕是简单写写自己的教学感受。

关于教师尝试儿童文学创作，可以说是问卷中最迫切需要改善的一项了。结合调查得出的数据和教师的主观原因可以了解到，多数教师并不擅长甚至没有接触过儿童文学的创作。一方面，许多教师根本没有意识去进行儿童文学创作，在学校日常的生活中缺乏对儿童生活的观察；另一方面，学校对教师的文字功底考察力度不够，提供的相关学习和培训也太少了。

总的来说，从调查问卷获取的信息来看：小学语文教师的儿童文学素养并不乐观，急需提高，这就需要引起教育相关部门和教师本人的足够重视，并采取相应的解决措施。

二、小学语文教师的儿童文学素养存在问题的原因分析

从调查问卷结果来看，小学语文教师的儿童文学素养不尽如人意，这会极大地阻碍教师在课堂上的高效教学。研讨相应的解决措施前，需要探究造成小学语文教师儿童文学素养普遍较低的主客观原因。笔者通过查阅相关资料，并结合此次调查的分析，初步找到了以下的原因。

（一）盲目追求成绩的教育背景

"高考对我国的影响由来已久，其改革也是势在必行，但这项工作的过程十分复杂。"高考只是应试教育的缩影，但是其影响从大学直接波及小学，产生一连串的反应：孩子苦苦奋战于题海之中；学校在教学中过分追求成绩，学校管理进入"分数第一"的死板模式。

因此，语文教师在实际教学中，揣摩的是怎么教会学生阅读答题技巧，怎么得高分。本来应该是一节充满人文气息和审美情趣的课，被迫成了做题技巧学习课。许多教师在语文教学中一般只用得到"三本书"：教材、教参、教辅。这也反映出我们的语文教师平时很少有时间或精力去参加课程学习或听讲座来提高自身的儿童文学素养。

（二）烦琐而形式化的学校管理

如今许多学校都流行"特色办学"，尤其是在中小学更是把相关工作做得如火如荼。因此，除了分数第一的应试教育背景给教师教学带来了严重的影响，僵化的学校管理模式也限制着教师的发展。

许多参与调查的教师表示，随着社会快节奏的步伐，学校的事务也相应地愈加繁多。处于一线的教师，尤其是担任班主任的语文教师，几乎从早忙到晚：查早操、查早读、批改作业是每日例行事务，每周一两次的班主任会议，不定期的听课学习等。教师们在学校里每天忙得团团转，读书的时间自然被省略掉了。

除了查早操、查早读等固定性任务，教师们还要准备好不定期的校级领导或教育部门的听课或各种教学竞赛等。总之，教师每天有忙不完的事务，每天处于高度的精神紧张中。高强度的工作已经让教师们没有精力去反思教学、提升自我。

（三）儿童文学不受重视的历史影响

儿童文学地位的弱化，始于20世纪90年代。1997年国务院学位办颁布的《授予博士、硕士学位和培养研究生的学科、专业目录》是非常直接的体现。这就意味着儿童文学学科隶属于"中国现当代文学"这个二级学科，成为它的一个研究分支了。

"二级学科是博士生和硕士生申报专业的依据。只有在目录上出现的学科，博士生和硕士生才可以申报。"这标志着儿童文学不再受到重视，许多高校的儿童文学专业销声匿迹，关于儿童文学的讲座也少得可怜。因此，许多师范类学生的儿童文学专业知识并不扎实。

王泉根教授在目录颁布后进行了相关研究指出："现在只有为数不多的高校还在坚持开设有关儿童文学的课程的讲座，做得比较好的高校有北京师范大学、浙江师范大学、东北师范大学等。"儿童文学理论家蒋风也曾发出呼吁："希望全国师范院校和文科专业都能把儿童文学列为选修或必修，借以提高全国教师的儿童文学素养。"在众多关注儿童文学的专家学者的呼吁下，许多高等师范院校渐渐地尝试把儿童文学课程恢复到教学计划里。虽然部分高等师范院校已经陆续重新设置儿童文学课程，但设置的课程多是选修课，且学时也不多。但儿童文学本身就应该是一个独立的文学门类，其相关内容很丰富。由于学时很少，许多学习就只能浅尝辄止。相比之下，在西方发达国家，儿童文学的地位从未被降低过，一直是高校重要课程之一，被给予了更多的重视与发展的空间，儿童文学素养的提升工作做得很好。

因此，在语文教学中，儿童文学的学科地位会直接影响到教师的儿童文学素养，理应受到高等院校以及教师个人的相应重视。

（四）教师自我提升意识的缺乏

虽然有许多无法避免的客观条件影响小学语文教师的文学素养，但是教师的主观能动性对素养的提高能起到非常关键的作用。既然为人师，教师就要有自主学习的意识和合理安排时间的能力，来为自我提升提供更多的可能。

仅仅反观一些学校的教师的阅读情况，就令人十分担忧。随着经济条件的改善和国家对教育投入的增加，学校的硬件设施一般都配备优良。图书馆修得更是富丽堂皇，但是来阅读和借阅的人却越来越少。而阅读作为提升教师综合素养的重要手段，却被许多教师所忽视了。

教师疏于阅读学习，除了忙于学校事务等客观因素，自我方面也可能有功利观念在作祟，使得自我提升的意识不强，没真正理解阅读学习与生活的关系。广大教师应该明确"教师不读书，何以为人师"。教师的职业特点决定了教师的一言一行直接影响到学生。只有热爱阅读，并具有良好素养的教师，才能培养出热爱读书的学生。

另外，很多教师需要重新树立正确的儿童观念，重新调整对待儿童文学的方式与态度。小学语文教师要及时更新自身对儿童的认识，即儿童也拥有完整的人格、独立的思想。教师不要把儿童文学与简单、肤浅等词相联系。要真正地了解儿童文学，需要积累文学底蕴，树立正确的儿童文学观念和努力提高自身的儿童文学素养。

作为"传道授业解惑"的教师，一方面出于职业素养和教学能力提升的要求，要在学习新知识上与时俱进；另一方面，从更远的自我价值的实现和综合素质的完善出发，教师应当时刻拥有自我提升的意识，努力做更好的自己。

第三节　小学语文教师儿童文学素养提升的原则和途径

目前小学语文教师具备儿童文学素养的总体情况不容乐观，如教师的儿童文学的相关理论与知识积累不足，儿童文学的教学能力有待提升等。为了改善此种情况，本节将以儿童文学素养的构成为切入点，分职前教育和职后学习两大阶段，探讨儿童文学素养的提升的原则和途径。

一、小学语文教师儿童文学素养提升的原则

对于儿童文学素养的提升，无论是外界的推动，还是自我意识的努力，都应该遵循一定的原则，才能更好地达到提升目的。本小节简单总结归纳出了以下几个重要的提升原则。

（一）知识与审美并重

儿童文学作为中国现当代文学的一个研究分支，既具有作为一般文学所共有的性质，又是独立的一个文学门类，有着自成一体的文学理论和审美特质。因而，为了提升儿童文学素养，小学语文教师在通过各种学习来掌握儿童文学的相关知识的同时，还要通过阅读儿童文学的经典来培养儿童文学的鉴赏和审美能力。具备了深厚的知识和较高的审美能力，教师才能在儿童文学的实际教学里挖掘出更多的作品的价值，才能引导学生去徜徉在儿童文学的海洋中。

注重知识，对于"传道授业解惑"的教师来说，最基本的要求是储备足量的专业知识，并且及时更新和专业相关的理论。因此，教师有必要通过参加与儿童文学相关的培训或自学相关的课程，对其充分地了解，能分析出儿童文学的特点、价值，能使之与语文教育能更好融合，进而认识到教师儿童文学素养的重要性等。简言之，儿童文学基本知识能帮助教师更好地将儿童文学的理论应用到课堂中，使课堂教学更有章法、更有条理、更有趣味。

而知识层面之外的审美能力，强调的是人们认识美与评价美的能力，包括审

美的感受力、判断力、想象力等。教师的儿童文学的审美能力，要求其能在阅读和鉴赏儿童文学作品的同时，发现作品里的各种各样的美，从最基础的语言美、景色美、形式美，到核心的人性美、心灵美、生活美等；在发现美的基础上向学生分享、传授与交流美，以美的规律和理念去感染学生，进而鼓励学生追求美、创作美，树立正确的情感态度价值观。教师对作品美的感受、判断、创造能力需要在学习和训练的基础上才能发展，从而形成感性与理性、认识与创造的统一。

就像"道"与"文"各有侧重，又追求和谐的"文道合一"一样，知识和审美不能有所偏颇。儿童文学的知识与审美功能应当相互促进，达到相得益彰的效果。二者结合的关键在于能对儿童文学文本进行深入透彻地解读。

一方面，要抓住儿童文学不同体裁的不同特点。儿童文学体裁类型很多，大致有儿歌、童话、寓言、儿童故事、儿童小说、儿童散文等，内容和形式均适合不同年龄的少年儿童的特征。比如儿童诗歌充满童趣、富含想象、朗朗上口，最适合用于幼儿阶段的文学启蒙；童话故事短小生动、有趣、充满奇幻色彩，中低年级的孩子最喜欢；儿童故事多用口语化的语言，适合学生读、听、讲，高年级的学生相对接触得多一点。

还要注意的是，儿童文学由于其接受对象具有特殊性，它的文学特点与成人文学相差很大。儿童文学的每种体裁的语言风格、美学特质、艺术特征等与成人文学都有一定差异。比如说，儿童诗歌与成人诗歌同样属于诗歌范畴，二者都强调语言之美。但是成人诗歌更关注诗歌创造的意境和传达的情感，而儿童诗歌更重视音律性，以激发儿童朗读兴趣，并便于其记忆。了解儿童文学每种体裁的特点，才有可能对作品进行很好的文本解读。

另一方面，教师需要尽量把握儿童文学作品中作者要传达的情感。题材不同，作者表达感情所选择的方式也有差异。教师在对不同的儿童文学进行审美的时候，要综合考虑文体的特点，并且结合作者所处的历史环境、社会背景、个人的特殊经历等多方面的内容才行。这样挖掘和解读出来的作品情感才更加立体、全面、多层次，才能最大程度接近作者原意，才能最大可能地发挥儿童文本对孩子们的感染和熏陶的作用，才能写出具有针对性的教案。

儿童文学的解读和教学，既要把握体裁的特点，储备扎实的专业知识，又要把握文章传递的精神，发挥审美教育功能。

（二）理论与实践结合

教师必须将儿童文学的理论和实践同等重视，才能更好地发挥儿童文学的作用。

儿童文学的理论，包含儿童文学的定义、特征、功能、发展过程等广泛领域。儿童文学的理论透过对儿童文学作品的研究归纳，抓住了其内在的必然联系，反映了儿童文学区别于其他文学形式的发展特点和规律。因而能够使我们综观全局，对其前进发展的方向有个大致的了解，从而指导具体的解读、教学和创作等实践。

儿童文学的实践涉及儿童文学的阅读指导、佳作赏析和作品创作等。对于教师来说，还要从实用性和师范性角度进行儿童文学作品的教学。儿童文学的实践，能以经验总结的方式得出科学的教学方法，提高人的认识和判断能力，为人们探求儿童文学的本质和特点等提供科学的认识工具。

"儿童文学不仅是一门理论课，更是一门应用课"，但教师一般都会在儿童文学中造成实际课程与理论的脱轨。因此，小学语文教师在投入儿童文学的学习里时，儿童文学相关理论是必学内容，如崔利斯的《朗读手册》、阿甲的《帮助孩子爱上阅读》等理论书籍需要去潜心学习。同时，教师也要阅读儿童文学经典，进行实际的作品教学等。

儿童文学理论必须和实践相结合。教师要通过自修来积累知识及形成理论，通过实践不断总结经验，这二者并重才能有效地把儿童文学融入语文教学。

（三）个人与群体共进

教师可以根据自我特点选择适当学习和提升的方式，也可以在教师大家庭里互相交流、分享，共同追求进步。

要习得儿童文学素养，没有小学语文教师的个人努力绝对不行。个人在被尊重的前提下投注热情，会让提升更迅速；同时教师个人始终是教师群体中的一员，其素养一直是在群体影响下形成和发展的。

二、小学语文教师的职前与职后教育应当双管齐下

我们已经分析过小学语文教师儿童文学素养不高的原因，主要是职前儿童文学课程的缺乏和职后儿童文学的学习太少。因此，为了改善现有的状况，教师的职前与职后教育应当双管齐下。

（一）职前教育要重视儿童文学的课程

职前教育是人们在正式步入职场之前的培训，主要的教育目的是对这类人进行职业生涯规划和就业指导等。对教师而言，通过一系列的专业理论和知识的学

习积累，可以让他们在心理上做好足够准备，在正式教学时能更有底气和信心。儿童文学的课程因为其在语文教育上不可替代的作用和重要地位，应当在职前教育中得到足够的重视。

1. 提高儿童文学的学科地位

儿童文学的学科地位的日渐衰弱，最直接的表现就是高等师范院校里与之相关的课程寥寥无几。小学语文教师中，有一大部分是中高年龄段的老师，他们当时所在的师专院校办学条件不完备，学校的课程相对单一，基本没有单独开设的有关儿童文学的课程；年轻的语文教师在条件已经成熟许多的高校学习时，接触的儿童文学课程也少得可怜。现在只有少部分高等师范院校设置了儿童文学课程，通常学时少得可怜，而且还多是选修课，成为无关轻重的边缘课程。儿童文学本身的内容是丰富多彩的，在为数不多的学时里，许多学习就只能浅尝辄止，学生学到的往往是皮毛，在实际的教学里根本不够用。

因此，提高儿童文学的学科地位势在必行。最基础的就是职前教育要重视儿童文学的课程，尤其是强调其在师范教育中的重要性。

另外，儿童文学课程在培养教师队伍的师范院校里没有得到应有的重视，多是由于人们对儿童文学的相关认识不多。因此，适当增加对儿童文学的宣传就很有必要，让教育相关部门、学校领导以及教师本人都认识到，儿童文学对教师教学和了解学生等有重要的促进作用。高等院校重视儿童文学，就应该增加儿童文学课程，并且设置为专业必修课；高等院校里的教授们重视儿童文学，儿童文学的师资队伍就能壮大；高等院校的学生重视儿童文学，会更加认真投入儿童文学的相关学习，为日后的儿童文学素养打下基础。总之，提高儿童文学的学科地位，对语文教育大有裨益。

2. 优化儿童文学的课程体系

许多儿童文学理论家都曾呼吁全国师范院校和文科专业把儿童文学列为选修或必修课程，高等院校设置儿童文学课程是重视儿童文学的基本表现。但如何优化儿童文学的课程体系，使之发挥最大的作用，应当是设置课程时需要用心思考的问题。

首先，从纵向上来说，高等师范院校可以根据学生的年级和学习能力来建构阶梯式儿童文学课程。具体来说，就是对不同年级的师范生开设不同难度的课程：如在大一时可以开设基础课，主要是教授儿童文学相关理论，让学生对儿童文学的含义、价值、发展历史等有初步的了解；有了一定儿童文学理论的基础之后，大二的课程可以精选儿童文学经典作品，让学生尽情地阅读，并用已有的知识理性地分析和学习；大三和大四时，可以视学生情况，按儿童文学体裁设置"儿童诗歌教学设计""儿童小说教学设计"等具有针对性地课程，提前锻炼这些未来教师的教学能力。如果有条件，建议增加"尝试儿童文学创作"的专业课，在学、读的基础上进一步激发他们的创作才能。由此，高等师范院校设置的儿童文学课程就形成了"理论→阅读与鉴赏→教学→创作"这种"阶梯式"的课程结构体系。

其次，在横向上，儿童文学课程的设置可以将必修课与选修课结合起来，这样教学有主有次，避免给学生增加过多的负担。课程是必修还是选修，一切根据课程特点和对教师素养的重要性来设。比如说，可以将"了解儿童文学经典"与"儿童文学理论"类的课设定为必修课，因为这两类课程能最直接、最有效地帮助教师建立基本且必要的儿童文学知识体系。而以"下水尝试儿童文学的创作"为主要教学目标的专业课，可以设置为选修课，因为每个学生的语言水平和写作能力是有差距的，不能一概而论或强行要求，这样只会适得其反，给他们带来额外的负担。必修课与选修课结合的课程设置，有利于高等师范院校学生丰富知识储备，提高能力，有效提升其儿童文学素养，为其日后的教育教学工作奠定坚实的基础。

另外，就儿童文学课程具体教授的内容来说，笔者认为应针对性地开设儿童文学历史、儿童文学阅读、儿童文学鉴赏、儿童文学创作、批评理论等方面的课程。比如在教儿童文学历史这一板块的内容时，可以分为中外两大部分，外国儿童文学的历史可以简明阐述，学生有个大致了解和基本概念即可。但对国内儿童文学的历史可以从多角度进行阐述，纵向可以分阶段娓娓道来，从1949—1966年的第一个黄金时代，到1976年10月之后中国儿童文学经过一段凋零后进入的又一个黄金时代，再到各种体裁的儿童文学佳作大量涌现的今天；横向可以按代表人物和作品讲解，比如从叶圣陶的《稻草人》，到郑渊洁的《童话大王》，再到杨红樱的《淘气包马小跳》等。内容丰富多彩又生动活泼，力求培养学生对现代中国儿童文学的文学观念，增强对文学本体的认识，以及提高文学作品的鉴赏批评能力。

总之，儿童文学的课程设置和传授，要做到理论联系实际，帮助未来的教师掌握儿童文学教学的基本方法和技能。同时要加强儿童文学鉴赏和创作等能力的训练，使他们一走上教学岗位就能适应新形势的需要。

3. 丰富儿童文学的学习形式

学习方式是在完成学习任务时基本的行为和认知的取向，是学习者在自主性、探究性和合作性方面的基本特征。儿童文学由于其特殊的服务群体，其相关知识的学习并不困难，学习任务也并不繁重。因此，在高等院校的儿童文学课程设置合理的基础上，其学习形式力求丰富多样，以更好地增强学习兴趣。

在最常见的课堂教学里，上课的教授们应该尽量避免单调枯燥的"念课本"式教学，因为单纯的阐述是激不起学生的求知欲的。在讲课时，语言可以幽默风趣，也可以充满智慧，妙语连珠；内容可以是在忠实于课本的前提下，抽出几分钟讲讲有趣的故事。例如，在学习外国儿童文学历史时，讲到英国路易斯·卡罗尔的《爱丽丝梦游仙境》时，可以谈谈作者，他原是牛津大学的数学教师。他在某次旅行中，给一位小女孩随口讲了自己编出来的童话《爱丽丝梦游仙境》，后来这部小说风靡全球。这种讲解看似与课堂教学内容偏离，实际上不仅能活跃气氛，而且能给人以无限的启发。

除了传统的书本、黑板等教学工具，相比较于其他课程内容的学习，儿童文学的学习可以更多地利用多媒体的优势。比如在学习儿童文学体裁时，可以就童话、寓言、儿歌等主要体裁各选一小段音频作品来欣赏，通过声音惟妙惟肖的演绎来凸显不同体裁各自的特点作品，这种教学辅助手段生动而高效。再比如在学习历史上重要的儿童文学作品时，可以插入一段根据作品改编的同名影视作品来欣赏和比较，这样既能让人欣赏到原著的巨大魅力，又能使人很快地进入情景。如上文提及的《爱丽丝梦游仙境》，就无数次被改编成戏剧、电影、电视剧、哑剧、动画片等艺术形式，成为世界上流传最广的儿童小说之一，因此可以在对比中让学习者自己体会作品何以有如此大的影响力。

如果有条件的话，师范学生可以以小品、话剧等形式进行儿童作品的表演；班级或学校可以举行儿童文学的创作比赛、知识竞赛等；可以邀请一些儿童文学作家到课堂上来；可以寒暑假时一起参加有助于提升儿童文学素养的活动，如儿童文学夏令营等活动。丰富多彩的学习形式必将使儿童文学的学习变得轻松活泼、趣味十足。

综上，小学语文教师儿童文学素养的提升不仅取决于职前教师自身的努力，还需要我们的高等院校在进行课程规划时，用心规划好师范生培养的目标、任务、实施步骤等，并逐步加以推进。

（二）职后教育应聚焦教学的实际需求

高等院校的在校培养对师范生日后从教的影响是不可估量的，但是我们也应当清醒地认识到，高等院校对师资的培养是有周期限制的。对于大量在职的语文教师来说，儿童文学素养的提高，应该通过继续教育来实现。

虽然教育相关部门针对继续教育采取了一些措施，但继续教育的进行仍然不是那么顺利。比如说许多教师有想继续学习的愿望，但是无奈于学校没有提供相应的课程；学校很多时候只是应付上级号召，即使有职后教育，也是以如何提升教学效果和拉高平均分数为主要内容等。学校领导应该认识到继续教育是提升教师素养必要且重要的一种方式，继续教育的开设应聚焦教学的实际需求。

1. 定期进行在职培训

学校应该根据小学语文教学需要，以提高任课老师的儿童文学素养为出发点，构建完善的教育培训体制，以帮助任课老师综合提升自我，有效适应将来工作的需要。

学校提供的在职培训，应该综合应用进修、访问学习等多种方式，来增进任课老师与外界的联系，促进教学效果的提升。在教育培训体制构建完善的基础上，还需要严格执行相关规定，进而激发任课老师学习的积极性。比如按时根据培训时间签到，让教师意识到培训的重要性，不是"打打酱油"、聊聊闲话；培训心得的记录，让教师自己思考获得启示；培训结果的展示，不同教师需有不同见解，以达到提高教学效果的目的。

继续教育培训应强化儿童文学内容，适时促进儿童文学学习心得的交流。在培训机构的培训内容还有许多需要考虑的问题，如：邀请高等师范院校的教授或知名培训机构到校开展培训，保证提供的指导在大方向上的正确性；为处于不同任课年级或教学阶段的教师进行不同形式和不同重点的培训；如何协调好培训次数和时间，尽量不给教师们正常的教学事务或休息时间造成影响；在每次的培训结束后，使用什么样的方法来得到教师们学习的成果或还存在的问题的反馈，以使得下次的培训更有效、更合理等。

学校推行一系列继续教育和培训进修制度，在保证教学的同时，还要在必要时重点关注人文教育。就深层的社会因素来看，应该尽快使教师和学生摆脱应试教育的束缚，回到以人为本的正轨上来。关注教师和学生的各自需求，让他们能带着愉快、毫无负担的心情去阅读与学习。

还应强调的是，中小学语文教师应该意识到学校组织的集中培训的时间和次数毕竟是有限的，只能起一个辅助作用，提高儿童文学素养关键得靠教师自身的努力，尽可能利用好一切途径，进行各种学习。

2. 开展模块式的儿童文学讲座

通过先前的问卷，我们已经了解到许多教师们没有参加过有关儿童文学的讲座。即使有一点兴趣，无奈学校举行的与儿童文学相关的讲座也是少之又少，并没有太多的途径去听、去学习。因此，学校必须看清，应试教育对教师专业的发展造成了不可忽视的干扰，教师队伍的素质在不断下降，文化素养普遍偏低，而开展讲座是最基础的改变方式。

关于讲座的主讲人，可以是学校里对儿童文学这一领域有自我见解或丰富经验的老师，也可以邀请高等师范院校的教授或知名培训机构是到校开展培训。如果条件允许，还可以邀请一些儿童文学作家到学校大礼堂开讲座，因为很多儿童文学作家、理论家曾经从事小学教育工作或相关工作。因此，他们既有深厚的儿童文学素养，又有丰富的教学经验。他们讲出的内容是非常接地气的，也是容易和广大迷茫的教师取得共鸣的。

讲座的内容没有具体的限制，但建议采取模块式开展，每次针对儿童文学的一个方面，比如"如何给不同年龄段的学生推荐不同的儿童文学经典""如何处理儿童文学课外阅读与课本阅读的关系"等。一方面，讲座要关注儿童文学教学实践中可能遇到的问题，重点向教师传授如何高效准确地解读儿童文学作品，如何处理好儿童文学作品中知识性价值与审美功能的关系，如何平衡儿童的课内阅读与课外阅读等。另一方面，讲座要渗透儿童文学的理论知识，因为儿童文学有自己专属的理论结构和区别于其他文学板块的美学特征等。倘若教师自己都分辨不清寓言、童话、神话故事等的体裁特征和各自的文本重点，又怎能让学生有清晰的认识呢？学生是接收的主体，可是教师没有积累一定的儿童心理学知识，是不能真正走进学生的内心的。为了防止教师在儿童文学教学里产生片面的理解或不合理的行为，一定的理论知识是必要的。

儿童文学的教学实践在小学语文教学里占据重要地位，因而讲座要力求发挥最大作用，让教师从中及时吸取优秀儿童文学知识，获得新理念、新思维、新精神。

3. 创造静养式阅读环境

静养式阅读，一方面是为了克服学校里的浮躁之风。如今教育界做什么事都提倡效率，设置考核学校或教师的指标。比如提倡教师读书，就开始要求每人每学期读多少本，到时交读后感或发表一篇文章，反正要"读有所获"。教师是读书、教书之人，阅读应该是其最寻常的事情和最基本的权利，为何要用各种学校事务来挤压其阅读时间，或者给了阅读时间又机械地加上阅读任务？在追求各级表彰、注重各类荣誉的学校里，还有多少教师能真正静心来进德修业？

静养式阅读，另一方面是考虑提升教育的智慧。教育是一项需要大智慧的事业。但教育所需的智慧不是一般的逻辑思维，其是对所有人生经验与理性思考的整合。教育智慧是一种独特的教育认知和境界，同时又是一种独特的教育方式和方法，对教师教学的重要性不言而喻。教育智慧的获得，一来需要教师在教育、教学实践中培育自己的创造精神；二来阅读可以说是增强智慧的有效方式，因为教师在阅读的这个过程中会产生新的理解、新的思想，在积累知识的基础上达到新的成长境界。

教师的教育智慧，是在阅读思考和长期教学实践里积累的，而不是在一个个形式化的考核指标下产生的。阅读是个人在思考和学习过程中的一种提升，它需要进行思维与情感活动，在外界干扰下很难正常进行。

所以，学校和教育相关部门应该给教师的阅读一个"静"的环境，给教师的教育智慧一个提升的机会。"静"的环境，不是强调没有声响的"静"，而是心境的一种状态，具体说来需要非功利阅读，不强制性要求读什么，也不要求读完之后要交出什么或完成什么任务。只有在自由状态下的阅读，教师才能长期坚持去阅读与积累；只有不被压抑地去阅读，他们才可能在阅读中有新的思考；只有不背上"参赛""评奖"之类的包袱，他们才能用心去揣摩。

简而言之，提倡"静养式阅读"，努力创造一个不受外界太多干扰的环境，让老师们的心静下来，去广泛阅读和自觉地反思教育教学工作，不断汲取最新的知识养料，这既能促进日常教学，又能提高教师的综合修养。

三、小学语文教师当多角度、全方面自我提升

在具备了良好的职前教育和职后教育客观条件的基础上，要提高小学语文教师的儿童文学素养，还得要小学语文教师充分发挥主观能动性，积极地从多角度、全方面进行自我提升。本部分将从儿童文学理论知识的自主学习、儿童文学的阅读与鉴赏、学习不同题材的儿童文学的阅读教学设计以及积极尝试儿童文学创作四个方面进行阐述，供教师们参考。

（一）儿童文学理论知识的自主学习

儿童文学是从属于文学，而又相对独立的一个文学门类。儿童文学理论知识，对小学语文教师的儿童文学的教学实践有积极指导作用。没有理论指导的实践是盲目的。同样，没有儿童文学理论的指导，教学就是毫无章法甚至是毫无成效的。因此，小学语文教师要加强儿童文学理论知识的自主学习。

儿童文学理论知识自主学习的方式多种多样。一方面，教师可以参加学校定期开设的与儿童文学相关的培训。对学校提供的各种课程都可以去看、去听，不应以班级事务太多或家里有事来敷衍对待。如果学校请一些比较有名的作家来开展讲座，教师更应该积极参加，不放过任何提升自己的机会。

另一方面，若学校提供的相关课程太少，教师就要充分利用各种途径和资源，通过自学与儿童文学相关的理论知识，形成全面而系统的认知。最直接、简单的方式是从图书馆借或从书店买儿童文学理论的书籍，每天坚持读一点，并且坚持写笔记和心得，日积月累，肯定会有很大的进步。如果不习惯纸质阅读，也可以选择高效、便捷的网上学习。网上学习的可选空间很大，但无论是在电脑上，还是在手机上，坚持学习是最重要的。另外，除了阅读儿童文学理论相关的书籍和参加网上各种各样的学习课程以外，教师若既有兴趣又有相对多的时间，也可以组织一个小社团，定期交流儿童文学知识的学习心得，甚至举行一些小小的比赛，如儿童文学知识抢答等。

儿童文学作品题材丰富，艺术形式多样，我们教师需要一定的儿童文学视野。首先最基本的要求是教师对儿童文学作品的基本体裁有基本的了解，熟知童话寓言等不同类型儿童文学作品的特点和不同的教学方式。同时，还要学习儿童文学的艺术特征。教师还应更多地关怀儿童文学发展的历史，狭义的儿童文学范围较窄，历史并没有多长，而广义的儿童文学历史较为悠久，神话传说、民间故事、传统童谣等都可以多学习与多了解些。

最后对需要阅读的有关的文学理论书籍给出一些推荐：《儿童文学理论与实践》孔宝刚著（复旦大学出版社）、《儿童文学概论》蒋风著（湖南少年儿童出版社）、《儿童文化论》钱雨著（山东教育出版社）、《文学理论入门》乔纳森•卡勒著（译林出版社）等。这些儿童文学理论书籍可以帮助教师更清楚地认识儿童文学发展的过程，从整体上把握儿童文学的特点。教师还需要经常关注新的文学理论信息，在不断学习中将教育观和儿童文学观很好地融合在一起。

（二）儿童文学的阅读与鉴赏

儿童文学素养的培养不但要求教师具备一定的儿童文学理论和常识，还需要教师具备一定的文学鉴赏水平。而这些知识与能力，无一不与儿童文学作品的阅读与积累息息相关。

前面我们已经分析过，由于一些客观原因和主观因素，当今语文教师不怎么读文学作品的现象已较为普遍。在我们发现和认识到这种不利于教师素质提高，以及教学质量改进的现象时，小学语文教师就应当要从我做起，从现在做起，逐步养成良好的文学作品阅读习惯。教师尽可能多地利用业余时间，经常到网上或实体书店逛逛，购买与阅读优秀的文学作品。阅读了大量经典作品后，在教学中教师可以根据自己最近的阅读经验向学生推荐一些好的儿童文学作品，如果有条件和时间，还可以专门腾出一点时间，和学生共同交流阅读感受。

这样，在提升自己的儿童文学素养的同时，也能引导学生从小关注和阅读文学作品，并养成阅读的习惯。另外，在互相沟通和交流阅读感受中，师生不但可以获得知识带来的满足感，而且也可以通过作品的思考与探究，获得生活上的哲理和启示。师生双方共同参与阅读，也能更好促进彼此的关系，相应地也会提高语文的教学效果。

在儿童文学作品阅读书目的选择上，教师可以参考语文课程标准附录部分的"关于课外读物的建议"。课标对学生的课外阅读总量都是有一定要求的，推荐的读物覆盖面也很广，童话、寓言、故事等体裁都有详尽的书目可供参考。在此基础上，教师还可以补充选择时下比较流行的、深受儿童喜爱的最新儿童文学作品来进行阅读与学习。儿童文学理论知识的学习，再加上丰富的阅读积淀，必将更好地提升教师的审美判断能力和鉴赏水平。

（三）提升儿童文学教学水平

前面已经讲过，目前儿童文学作品在小学语文教育中占据了较高的地位。当前主要的小学语文教材，几乎都被儿童文学作品覆盖，如苏教版小学语文教材一年级下册中，除了古诗文外，其余均为儿童文学作品。如何教好教材中的儿童文学作品，这就迫切需要小学语文教师提升自己的儿童文学教学水平。

1. 学习不同题材的儿童文学的阅读教学设计

儿童文学的体裁类型较多，针对不同体裁的儿童文学作品，其教学的方法和策略也各有不同。教师在积累足够的理论知识的基础上，还要学习如何采用适宜的教学策略进行专门的阅读教学设计。下面笔者将以儿童故事阅读教学设计为例，来讲解教师应当如何学习不同题材的儿童文学的阅读教学设计。

儿童故事在小学各年级教材中都有出现，可分为历史故事、神话故事、生活故事等。不同作家的故事也各有特点，因此阅读教学需要结合作品、作家、各年级语文阅读教学的目标进行。儿童故事的语言倾向口语化，适合学生读、听、讲，因此其教学的设计可以从有感情朗读故事、复述故事、讨论故事内涵等来展开，设计复述故事、情境表演等学习活动。

比如在教学历史故事《曹冲称象》时，可以先让学生有感情地朗读故事，必要时加上情境表演，调动学生学习热情；然后请几位同学用自己的语言来复述整个故事；在大概梳理好本篇文章的结构和内容后，可以分析具体情节和讨论故事内涵，如可以让同学积极思考曹冲的称象方法好在哪里，同学们是否能想出其他的、在当时有条件采用的方法，激发同学们的想象力和创造力，让他们明白遇到困难要主动想方设法来解决。

以上教学设计仅是参考思路。教师在进行儿童文学作品教学设计时，要结合不同体裁作品的具体特点、作者创作背景、各年级语文阅读教学的目标，采用适宜的教学策略，教学过程才能达到最佳效果。

2. 采用多样的教学方法

教学方法是教师和学生为了实现共同的教学目标，在教学过程中运用的方式与手段的总称。目前，我国中小学常用的教学方法，从宏观上讲主要有：以语言形式为主的教学方法（如讲授法、谈话法），以直观形式为主的教学方法（如演示法、直观法），以实际训练形式为主的教学方法（如实验法、练习法）等。

任何一种单一的教学方法都不是万能的。具体到我们小学语文的儿童文学教学中，我们的语文教师必须切实把握各种常用教学方法的特点、作用、适用范围和条件，以及应注意的问题等，并且在实际应用时能灵活地选用，使其在儿童文学的教学实践中有效发挥作用。比如在教学《狐狸和乌鸦》的时候，结合该文本的语言特点，即以对话为主，语言活泼而富有童趣，能确定训练学生朗读能力是本课教学目标之一。在教学时要采用朗读法，学生通过反复朗读文中狐狸与乌鸦的三次对话，感受其语言的生动形象性。另外，本篇文章体裁是寓言，为了帮助学生理解内容和其中的寓意，教师要适当采用讲授法来给学生答疑解惑。为了更好激发学生的学习兴趣，教师在教学条件允许的情况下，还可以使用情境表演法，请几组同学上台分别扮演狐狸和乌鸦，让学生在情节的生动再现里，更主动投入学习与思考之中。总之，教师可以根据实际情况来合理选择各种教学方法，以达到良好的教学效果。

对于具体的儿童文学教学方法的实践归纳，建议语文教师们学习和参照朱自强教授《小学语文儿童文学教学法》，这是国内第一次以专著的形式，系统阐述小学语文的儿童文学教学法。书中朱老师总结出的18种小学语文儿童文学教学法，都值得好好学习与研究。

另外，教师在学习这些教学法过程中，还应当结合一些比较好的儿童文学教学案例与失败的儿童文学教学案例进行对比、分析，尽量搜集一些一线名师的案例来学习，以理论加实际的方式，将儿童文学教学法落到具体、可感的实处，也可以顺便为自己在课上的儿童文学教学提供直观而生动的引导。

语文教师自己要学会合理高效地采用多种教学方法，充分发挥出它们各自的使用价值，这样能对教学质量和教师整体教学能力的提高有很大的帮助。

3.增加对学生课外儿童文学阅读的指导

阅读教学与一般语文课文的教学是有差异的，学生阅读心理的特殊性、儿童文学文本的多样性等，使其难度加大。多数教师把精力集中于课本中儿童文学的教授，而对课外阅读不甚留意。实际上，只有课内外文学阅读形成联动，才能达到更好的教学效果。因此教师很有必要提高对学生课外阅读的指导能力。

而课外阅读总是遵循着一定循环规律的。下面是儿童阅读专家艾登·钱伯斯的阅读循环示意图，如图7-3所示。

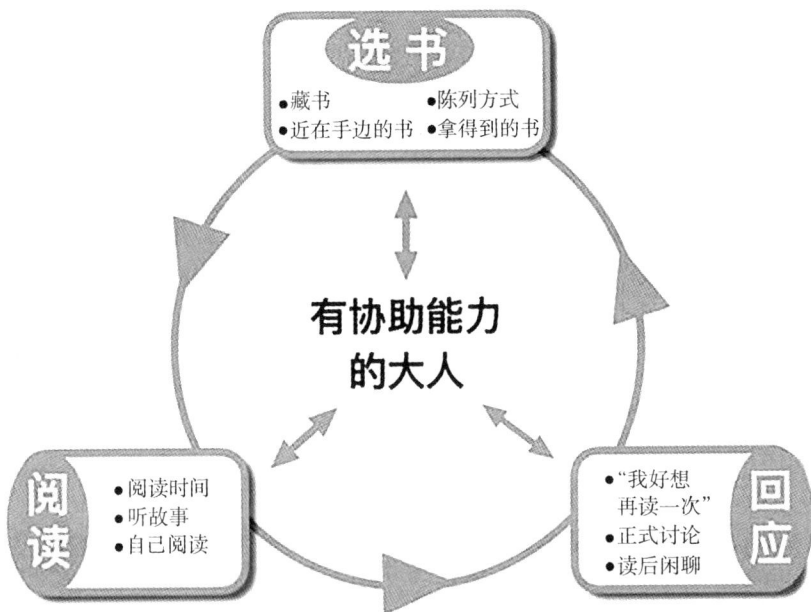

图 7-3　儿童阅读专家艾登·钱伯斯的阅读循环示意图

从图中我们可以得知有协助能力的大人居于中间地位，作为"有协助能力的大人"的小学语文教师在具体的环节里要力求发挥相应的作用。

（1）指导学生选书。

"读书好、多读书、读好书"，抛去已有的许多适合儿童阅读的经典作品不谈，市场上每年出版的儿童读物数不胜数。如何从浩瀚如烟的书籍中选择优秀的儿童读物推荐给学生，这是教师应该下点功夫考虑的。

教师挑选课外读物时，需要参照多重标准。一方面可以参考语文课程标准附录部分的"关于课外读物的建议"，从童话、寓言、历史故事、成语故事、神话故事、诗歌散文等不同体裁中选择经典作品推荐给学生。另一方面，对于刚刚敲开阅读大门的儿童来说，应该从培养儿童的阅读兴趣入手，尽量选择生动有趣的作品，避免冗长繁杂的作品，以防学生对大部头的作品产生畏惧感和厌烦感。同时情感、态度、价值观的正确引导也应该得到重视，教师要精选积极向上的、文质兼美的儿童文学作品。在有趣又富有教育意义的基础上，如果还能满足时新性，即是符合时代潮流和现在孩子的阅读倾向与爱好就更好了。

指导学生选择合适的课外阅读书籍，教师扮演着非常重要的角色。因此，教师要既要积累丰富的感性经验，即大量阅读儿童文学经典作品，又要提升理性的判断能力，在阅读的同时注重鉴赏和评析。

（2）制订阅读计划。

仅仅指导学生选择适合阅读的儿童文学读物是不够的，教师还要帮助学生制订与实施作品阅读的计划，帮助学生养成高效阅读习惯，并且直接推动他们完成阅读。

许多学生做事拖拖拉拉，阅读时更是三天打鱼两天晒网，错过了大量优秀作品。因此，阅读计划的制订要尽可能地具体、详细，比如落实到每天要读的页数，阅读结束后要做的知识笔记或读后感的字数与格式等。同时阅读计划要具有可操作性，不能过于急促和不顾学生实际，提出某些过高的要求，如几天读完一大本书，让学生写大量的读后感等，这样的结果只能是适得其反。

要保证制订出来的计划的合理性与有效性，这需要综合多方面的因素。一方面，要发挥教师的主导作用，教师需要经常关注儿童文学方面的最新信息，以便及时、定期地提供儿童文学相关的阅读资源与资讯。另一方面，要注重学生的自主性，充分考虑学生的实际能力与阅读需求，征求学生作品阅读方面的意见，与学生共同制订符合实际的阅读计划。另外，可以在每一小阶段的阅读计划结束时，加上相关的评估和鼓励机制，这样能保证阅读计划更加有效地进行。

（3）及时反馈以促进阅读。

对于学生的课外阅读，教师可以根据实际允许的情况，采取多种方式，给学生提供及时的反馈，来促进阅读。

在学生阅读后，教师可以适当要求学生做一点阅读感想，这样一方面是为了保证学生的课外阅读严格按计划进行，另一方面教师也可以借此了解学生的阅读情况，必要时给出中肯的建议。建议的内容可以是学生阅读时间的长短（如在每天做完家庭作业后半小时内）、阅读次数的多少（如一周三到四次）、阅读某书时关注内容的主次（如某书的情节构造优于语言特色，或其主题思想值得一提）等。教师要根据具体阅读书目特点和学生的阅读水平、阅读心理，尽量给出一针见血的建议，才能对学生起到较大的促进作用。总之，掌握好度，使这种方式成为学生阅读的助手而非负担。

"班级读书会"也可以开展起来，即教师选出一本好书，学生利用课外时间阅读。一段时间后，教师抽出课内部分时间来进行交流、讨论。教师发挥引导作用，为学生提供一个自由言论的舞台，任由学生畅所欲言，尽情发挥。交流中，教师可以针对学生不理解处或有争议处，提供背景资料或发表自我意见。

当然具体的方式还可以是读书报告会、小型演讲会等。但不管何种方式，合理有效即可。综上所述，教师要加强对儿童文学阅读的重视，注重对学生的儿童文学作品阅读给出具体、妥帖的指导。

（四）积极尝试儿童文学创作

在儿童文学的创作上，小学语文教师是有独特的优势的，如语言功底扎实、写作素材丰富、对儿童心理的把握到位等。小学语文教师若能在创作素养上有所学习和提升，无疑就具备了很高的儿童文学素养，这对提高教师个人的综合素质和促进教学是有极大作用的。因此，积极尝试儿童文学创作应该成为教师努力的方向。

1. 认识到教师下水的必要性和优势性

教师下水，即教师也要和学生一样写作，这样方能"深知作文甘苦，无论取材布局，遣词造句，知其然又知其所以然"。也就是说，教师应当知道在提升自我的同时，也能更有效引导学生，是促进教学不可缺少的重要措施。作家汪曾祺在谈到他的老师沈从文的时候说，沈从文虽然不善于讲课，但善于谈天。"他教学生写作，批语有时比学生的作文还长；还亲自给学生示范而写作文，他的好多作品就是为了教创作课给学生示范写的。"名师出高徒，教师会写，教出的孩子才更会写。

另外，教师还要知道教师"下水"相比其他人具备着独特的优势。事实上，许多儿童文学作家曾是小学语文教师，或兼任作家和教师两种职业。如叶圣陶、陈伯吹等早期儿童文学作家都曾是小学语文教师；而现在中国作品最畅销的儿童文学作家之一的杨红樱，这位千万小学生心中的偶像，曾经也是一位小学语文教师，她曾经最大的理想是当一名语文教研员。她因为受到了非常专业的课堂教学的训练，具备扎实的语言功底，以及和儿童最亲密直接的接触，创作更易水到渠成。总之，教师和儿童文学创作有着密切的联系，教师对此要有一个充分的认识，从而在教学以外的日子里也能怀着更大的热情和信心去尝试创作，去发现更多的乐趣和达到自我提升的目的。

2. 平日有意识地积累写作素材

创作源于生活。儿童文学作品的内容集中于少年儿童的生活。因而在素材积累上，小学语文教师"近水楼台先得月"。因为小学语文教师的教育对象，便是一群群活泼可爱的孩子，教师熟知他们的日常生活，能够积累许多素材。

杨红樱在当小学语文教师时，就开始观察每一个孩子的喜怒哀乐和点滴成长内容，来写一些小文章。再后来从学校积累了足够的写作素材后，又开始陆续创作了"杨红樱校园小说系列""淘气包马小跳系列"等经典作品。因此，教师有儿童生活的资源，就应该好好利用起来，在日常生活里留心学生之间发生的有趣的或有思考价值的事件，学会积累素材。

教师要有一双善于发现的眼睛，尝试写写文章，记录孩子的喜怒哀乐和自己的所思所想。先不谈艺术水平高低，这种源于学生生活的写作内容都是值得肯定和纪念的。写作与教学是互补的，写出的东西真实熟悉，教的东西也就便于学生理解和接受。教学相长，师生在这个过程中共同进步、共同收获。

3. 加强写作基本技能的提升

语文教师因为所教课程性质和职业特点，其职前教育一般都是大量中文课程，其汉语言的相关学习和练习的频率还是很高的。因此，语文老师一般都具备一定的古代汉语、现代汉语、文学理论的基本知识，对于各种文体也有较为准确的把握能力。

但是就儿童文学写作而言，有更为细化的高要求。教师要在已经积累了丰富的关于学生素材的基础上，要能非常熟练地取材布局、遣词造句。为了达到此目标，首先，教师要主动参加相关的学习（如参加有关写作能力提升的讲座和培训），了解如何更好、更高效地审题、构思、选材、剪裁、组材等。在已经具有很好的文章结构搭建能力之后，教师要比一般人更加了解如何遣词造句。因为只有语言功底好，写出的文章才能词汇丰富，让人读了赏心悦目；相反，词汇缺乏或遣词造句能力差者，写作如负重爬行，即便绞尽脑汁，写出的东西也是平淡乏味的。

正如许多曾经是或现在仍是教师的作家们强调的，当教师时拥有的扎实写作功底对日后儿童文学创作大有裨益，甚至可以说是水到渠成的过程。语文教师们可以利用好自己职业的语言优势，加强写作能力的提升，力求日后写出流畅而富有感染力的作品来。

4. 坚持时常写作不停笔

教师也是从学生一路走过来的。当学生时都要练习写作，文从字顺，还要花心思谋篇布局，力求写出新意。当老师后，多数老师就只教学生写作文，而自己的写作本就束之高阁了。俗话说，一天不练手脚慢，两天不练丢一半。久而久之，教师的文字功底日渐薄弱，写作能力更是一落千丈。

因此，教师坚持写作，尤其是语文教师，哪怕只是出于个人兴趣，时常动动笔，写写自己教学所见所闻所思，甚至只是在某单元结束后的作文练笔里，给学生写篇符合要求的范文都是可以的。语文教师本来就有很好的语文素养，文字能力在勤写多作中必定能得到稳固，甚至得到更大的提升。

有的教师可能会说平时太忙，没有时间写什么东西，某种程度上是有找借口嫌疑的。被誉为"最暖人心的散文作家"的丁立梅老师，在中学教书的同时，利用自己的业余时间就写出了许多温暖向上的文字，其文章被选入上百种文集，并且出版了不少作品。而其作品的灵感大多源于学校平凡而温暖的生活。她在接受相关媒体采访并回答"如何能在教书同时写出众多高质量作品"时，就只强调了"没事就写，天天写，月月写，年年写"这十四个字。

以上陈述只是为了启发我们的教师，尤其是与文学密切相关、与孩子亲密接触的小学语文教师，在学校日常教学中要有意识地积累写作素材、加强写作基本技能的提升和坚持时常写作不停笔。这样既能以美的形式记录与反映生活，又能使自己的综合素养再上一个台阶。

参 考 文 献

[1] 詹栋梁.儿童哲学[M].广州：广东教育出版社，2005.

[2] 刘晓东.儿童文化与儿童教育[M].北京：教育科学出版社，2006.

[3] 王瑞祥.儿童文学创作论[M].杭州：浙江大学出版社，2006.

[4] 孙素英.小学语文课堂的有效教学[M]. 北京：北京师范大学出版社，2008.

[5] 朱自强.小学语文文学教育[M].上海：华东师范大学出版社，2001.

[6] 方卫平.儿童文学教程[M]. 北京：高等教育出版社，2004.

[7] 王泉根.儿童文学教程[M]. 北京：首都师范大学出版社，2008.

[8] 刘晓东.儿童教育新论[M].南京：江苏教育出版社，2008.

[9] 张志平.西方哲学十二讲[M].重庆：重庆出版社，2008.

[10] 王灿明.儿童创造教育论[M].上海：上海教育出版社，2004.

[11] 孙云晓.捍卫童年[M].南京：江苏教育出版社，2007.

[12] 郑荔.教育视野中的幼儿文学[M].南京：江苏教育出版社，2005.

[13] 倪文锦.小学语文新课程教学法[M]. 北京：高等教育出版社，2003.

[14] 王坤庆.现代教育哲学[M].武汉：湖北教育出版社，1997.